DROITS,
Priviléges et Obligations
DES
ETRANGERS
DANS
LA GRANDE-BRETAGNE.

PAR C. OKEY,
CHEVALIER DE LA LÉGION-D'HONNEUR, AVOCAT
ANGLAIS ET CONSEIL DE L'AMBASSADE
DE S. M. BRITANNIQUE,
A PARIS.

Protectio trahit subjectionem, et
subjectio protectionem.

TROISIÈME ÉDITION.

PARIS,
GALIGNANI ET Cᵉ., RUE VIVIENNE, 18;
LIBRAIRIE DES ÉTRANGERS, RUE NEUVE-S.-AUGUSTIN;
BAUDRY, RUE DU COQ-SAINT.-HONORÉ, 9;
SAUNDERS AND BENNING, 43, FLEET-STREET, LONDON.

1837

DROITS,

PRIVILÉGES ET OBLIGATIONS

DES

ÉTRANGERS

DANS

LA GRANDE-BRETAGNE.

Ouvrages du même auteur, qui se trouvent chez les mêmes libraires.

DÉDIÉ AVEC PEMISSION A SON EXC. LE COMTE GRANVILLE, AMBASSADEUR DE S. M. BRITANNIQUE, ETC. ETC.

ANALYSE DE L'ACTE DE RÉFORME DU PARLEMENT EN ANGLETERRE, *accompagnée de Notes explicatives.*

A CONCISE DIGEST of the LAW, USAGE, and CUSTOM affecting the COMMERCIAL and CIVIL INTERCOURSE of the SUBJECTS of GREAT BRITAIN and FRANCE; *fifth édition*, 1 vol. in-8vo.

THE DEEDS AND DOCUMENTS of ENGLAND and FRANCE, compared and exemplified.

DROITS,

Priviléges et Obligations

DES

ETRANGERS

DANS

LA GRANDE-BRETAGNE.

PAR C. OKEY,

CHEVALIER DE LA LÉGION-D'HONNEUR, AVOCAT
ANGLAIS ET CONSEIL DE L'AMBASSADE
DE S. M. BRITANNIQUE,
A PARIS.

Protectio trahit subjectionem, et
subjectio protectionem.

TROISIÈME ÉDITION.

PARIS,

GALIGNANI ET Ce., RUE VIVIENNE, 18;
LIBRAIRIE DES ÉTRANGERS, RUE NEUVE-S.-AUGUSTIN;
BAUDRY, RUE DU COQ-SAINT.-HONORÉ, 9;
SAUNDERS AND BENNING, 43, FLEET-STREET, LONDON.

1837

AU

TRÈS-HONORABLE

LE LORD-CHANCELIER

DE

LA GRANDE-BRETAGNE,

Etc., etc., etc.

MILORD,

J'AI l'honneur de soumettre à l'attention de Votre Seigneurie un faible travail destiné à signaler les points principaux de la législation anglaise, dont la connaissance est plus particulièrement nécessaire aux Etrangers qui visitent l'Angleterre ou qui y résident.

Votre Seigneurie daignera me pardonner de m'adresser à elle dans une langue étrangère; elle sentira que, pour être utile à ceux pour qui cet ouvrage a été destiné, j'ai dû choisir la langue la plus répandue du continent.

Puisse Votre Seigneurie jouir long-temps des honneurs, fruits de talens distingués qui l'ont élevé à la plus haute dignité de la Magistrature anglaise; c'est le vœu de celui qui

A l'honneur d'être,

MILORD,

De Votre Seigneurie,

Le très-humble et très-obéissant

Serviteur,

CHARLES OKEY.

PARIS,

Rue du Faub. St.-Honoré, N. 55.

Mai 30, 1837.

PRÉFACE.

Destiné aux étrangers qui habitent l'Angleterre, ou qui ont des rapports avec ce pays, l'ouvrage suivant a paru devoir être publié en français, idiome plus généralement répandu que tout autre. L'auteur s'est efforcé d'adapter au langage qu'il a choisi les locutions propres au barreau anglais, locutions qui manquent parfois de clarté et de précision. Il a évité, autant que possible, de se servir de termes techniques. Obligé cependant, par une nécessité indispensable, d'en employer quelques uns, il a cru devoir en faire connaître la signification et la valeur par un vocabulaire placé à la fin du volume. Quelques fragmens sont extraits d'un ouvrage anglais de l'auteur, sur la législation anglaise et française (1). Le succès obtenu par ce dernier a donné l'idée qu'un précis des droits, obligations et priviléges des étrangers en général pourrait ne pas être sans intérêt.

Les relations qui existent entre diverses contrées et l'Angleterre, résultat heureux de l'état de paix, sont un gage certain de succès pour cette publication, où l'on s'est

---

(1) Un avocat de la Cour royale de Paris s'occupe à faire de cet ouvrage une traductiou française, qui doit paraître incessamment.

efforcé de resserrer les instructions nécessaires dans le moindre espace possible, et autant qu'ont pu le permettre la nature et l'importance du sujet.

C. O.

PARIS,

Rue du Faubourg St.-Honoré, N° 35.

DROITS,

PRIVILÉGES ET OBLIGATIONS

DES

ÉTRANGERS

DANS

LA GRANDE-BRETAGNE.

TITRE Ier.

DE L'ALLÉGEANCE.

L'ALLÉGEANCE est le lien qui unit le sujet au souverain, en retour de la protection que celui-ci accorde au premier. Elle est *naturelle*, c'est-à-dire due par tous les sujets nés dans les possessions du souverain; ou *locale*, c'est-à-dire que les étrangers y sont astreints aussi long-temps qu'ils résident dans ses États et sous sa protection, et qu'elle cesse dès l'instant où ces étrangers quittent le royaume. L'*allégeance* locale, qui seule doit nous occuper ici, est, de sa nature, purement temporaire; car, comme le prince accorde sa protection à l'étranger seulement pendant le temps du séjour de cet étranger dans ses États, l'*allégeance* de l'étranger est limitée, quant à la durée, au temps de sa résidence, et quant aux localités, à l'étendue de ses possessions dans le royaume : c'est une protection locale de la part du prince, une obéissance et *allégeance* locales de la part du sujet. Il en résulte que l'étranger dont le souverain est en paix avec la couronne, qui réside en Angleterre et reçoit la protection des lois anglaises, doit une *allégeance* et une obéissance locales à la couronne pendant la durée de sa résidence; et que si, dans cet espace de temps, il commet quelque infraction aux lois du pays, il est passible des mêmes peines que le serait en pareil cas un citoyen anglais, parce que, la personne et les biens de l'étranger recevant des lois la même protection que la personne et les biens d'un Anglais, et, comme lui, obtenant de ces lois le redressement des torts qui peuvent lui être faits, il est juste que les infractions dont il peut se rendre coupable soient punies de la même manière. L'*allégeance* et l'obéissance locales, quoique momentanées et éventuelles, ont assez de force cependant pour créer un citoyen. En effet, si un étranger donne le jour à un enfant en Angleterre, cet enfant est citoyen; ce n'est ni le sol ni le climat, mais l'*allégeance* qui lui donne cette qualité: si des ennemis débarqués en Angleterre y possédaient une ville ou une forteresse, leurs enfans, quoique nés dans le pays, ne seraient pas sujets du roi d'Angleterre, parce qu'ils ne seraient pas nés sous les auspices de l'allégeance, et par conséquent sous la protection du souverain de la Grande-Bretagne.

L'*allégeance* peut être considérée comme acquise, à la différence de celle qui est naturelle. L'allégeance acquise est celle par laquelle un étranger obtient quelques uns des droits du sujet, comme par la *naturalisation* ou la *dénisation* (1). Elle se divise en absolue, lorsque le roi l'accorde à un *dénisé* et à ses héritiers, sans limites ni restrictions; et en limitée, lorsque le roi donne des lettres de *dénisation* à un étranger et à ses héritiers mâles et naturels, ou à un étranger pour toute sa vie ou pour quelques années seulement: on peut les accorder encore pour un objet particulier, et sous certaines conditions. Nous traiterons bientôt plus en détail des différens droits qui résultent de ces lettres de dénisation, et du serment à prêter avant de les obtenir.

Ces observations générales nous amènent naturellement à examiner en détail et sous ses différens rapports, la condition des étrangers dans la Grande-Bretagne.

Ils se divisent en trois classes : les *Aliens*, ou étrangers proprement dits, les *Dénisés*, et les *Naturalisés*.

(1) Ces termes seront expliqués dans les chapitres suivans.

TITRE II.

DES ALIENS.

Avant de parler des priviléges et droits qui concernent les étrangers, et de faire connaître les cas dans lesquels eux ou leurs enfans ont la faculté d'acheter, de recevoir en héritage ou de tenir en fief des immeubles ou d'autres propriétés en Angleterre, il est essentiel de désigner les personnes auxquelles la loi donne la qualité d'étrangers, ou, d'après l'expression technique et législative du pays, celle d'*Alien*.

La loi relative aux *Aliens* a éprouvé des changemens tellement nombreux depuis son institution, que, si nous voulions suivre avec exactitude ses variations et ses perfectionnemens, nous nous écarterions beaucoup trop du but que nous nous sommes proposé, et qui doit se borner, autant que possible, à la loi telle qu'elle existe de nos jours. Il faut donc commencer par donner une idée des droits, priviléges et facultés des *Aliens* et de leurs enfans quant aux immeubles, et des circonstances dans lesquelles ils peuvent hériter, acquérir ou transmettre des immeubles, soit par eux-mêmes, soit au nom d'un tiers ou d'un curateur. Nous nous occuperons ensuite des priviléges qui leur sont accordés quant à leurs propriétés mobilières, et de leurs droits commerciaux et civils, auxquels des actes récens du parlement ont donné une grande extension; nous détaillerons enfin les formalités par lesquelles un étranger acquiert tous les droits et priviléges du citoyen de naissance, et les avantages résultant de la simple *dénisation* et de la *naturalisation*.

L'*Alien* est celui qui est né hors de l'obéissance et allégeance du souverain, et de parens qui ne doivent pas obéissance au roi d'Angleterre. La circonstance de la naissance hors du royaume peut faire présumer la qualité d'*Alien*, quoique cette présomption puisse être détruite par le fait d'obéissance due par les parens, et même par le père seul de l'*Alien*, au moment de sa naissance. Quoique cette règle s'applique aux enfans de parens qui sont l'un et l'autre citoyens de naissance, et même dont le père seul possède cette qualité, elle cesse d'avoir lieu si la mère seule est Anglaise. Dans ce cas, quoiqu'elle soit citoyenne de naissance, si sou mari est *Alien* et étranger, les enfans nés de lui hors d'Angleterre sont *Aliens*. Ainsi les enfans nés hors d'Angleterre d'un *Alien* et d'une femme anglaise, et par conséquent hors de l'allégeance due au roi, ne peuvent hériter de leur mère en Angleterre, parce que, quoiqu'elle soit citoyenne de naissance, elle se trouve *sub potestate viri*, et que, d'après la loi, *partus sequitur patrem*, qui est un *Alien*.

Cette règle est fondée sur le simple bon sens : les plus dangereuses conséquences pourraient résulter d'une doctrine contraire ; car si une femme héritait d'une grande charge de l'État, et épousait un étranger, ses enfans, comme *Aliens*, pourraient être en hostilité contre l'État, que, comme citoyens de naissance, il eût été de leur devoir de défendre et de protéger,

D'un autre côté, les enfans des *Aliens*, nés dans les possessions britanniques, sont, généralement parlant, citoyens de naisssance, et jouissent des mêmes droits et priviléges que ceux qui sont nés sous l'obéissance du roi ; d'où il suit que, si des Français ont des enfans en Angleterre, ces enfans, malgré la qualité d'*Aliens* de leurs parens, seront citoyens de naissance, parce qu'ils seront nés sous l'obéissance du roi, et qu'aucun individu dans cette circonstance ne peut être réputé *Alien*.

CHAPITRE I.

Droits et incapacités des étrangers relativement aux immeubles.

Toute personne est capable de tenir un fief en Angleterre, à moins que quelque loi positive du royaume, basée sur des raisons de politique intérieure, ne s'y oppose. Le principal motif d'empêchement à cet égard est la qualité d'*Alien*, et la législation anglaise est loin d'être la seule qui ait pris une semblable disposition. Ainsi, quoique l'*Alien* puisse, sans autorisation du roi, acheter des immeubles, il ne peut pas les tenir en fief; car, pour en acquérir la propriété permanente, il doit avoir une allégeance également permanente envers le roi d'Angleterre, allégeance qui serait opposée à celle qu'il doit à son propre souverain. Lá nation pourrait, par cette circonstance, être soumise à une influence étrangère; ce qui produirait les plus funestes conséquences. C'est par cette raison que, quoique l'*Alien* puisse acheter des terres et autres immeubles, le roi a un droit éventuel sur ces immeubles dont il ne peut entrer en possession cependant que du moment où il y a été autorisé par le résultat d'une enquête qui le nantit réellement d'un objet sur lequel il n'avait jusqu'alors que de simples droits. Jusqu'à ce que cette enquête ait eu lieu, l'*Alien* demeure saisi, et peut intenter une action pour dommages envers sa propriété, sans même avoir besoin d'aucune autorisation de la part du roi.

Quoique l'*Alien* puisse, comme nous l'avons vu, être tenancier des terres qu'il a achetées jusqu'au moment où le roi interpose ses droits, il ne peut les recevoir, et moins encore les avoir en fief par succession, *curtesy* (1), douaire, do-

(1) CURTESY (*jus curialitatis angliæ*), possesseur par

nation, ou aucun acte quelconque. Il ne le peut par succession, d'après les raisons déjà données; d'où il résulte qu'un *Alien* ne pouvant avoir en fief des terres, ne peut conséquemment les transmettre à ses descendans. Il ne le peut par douaire, parce que la femme ne peut recevoir en douaire les terres de son mari qui est un *Alien*; qu'une femme *alien*, qui a épousé un citoyen anglais, ne peut recevoir un douaire qu'avec l'agrément du roi, et que le douaire étant le résultat d'un acte de la loi, cette loi, qui *nil frustrà agit*, ne transmettra pas des possessions à celui qui ne peut les avoir en fief. La reine d'Angleterre, cependant, fait exception à cette règle, et peut recevoir un douaire malgré la

curtesy. Lorsqu'un homme épouse une femme possédant une terre en fief absolu ou en fief mouvant, et qu'il a d'elle des enfans de l'un ou de l'autre sexe qui, étant nés viables, ont la qualité d'héritiers, cet homme, après la mort de sa femme, possède la terre pendant sa vie durant et est dit *tenens per legem angliæ*.

qualité d'*Alien*, parce que le monarque ne peut se marier d'une manière conforme à son rang qu'en épousant une femme qui n'est pas sa sujette. Par un acte spécial du parlement, les femmes *aliens* mariées à des Anglais par autorisation du roi peuvent recevoir en douaire les terres de leur mari; et les Anglaises mariées à des *Aliens*, en vertu de la même autorisation, peuvent également recevoir un douaire. Le douaire reçoit de grandes modifications de la *naturalisation* et de la *dénisation*, ainsi qu'on le verra bientôt.

Le mari d'une femme *alien*, non plus que l'*Alien* marié à une femme citoyenne de naissance, ne peuvent être tenanciers, par *curtesy* d'Angleterre, à moins qu'ils n'aient eu des enfans postérieurement à l'époque où ils ont été admis à la *dénisation* ou à la *naturalisation*.

Ainsi, c'est en cas de *purchase* (1) seulement

(1) PURCHASE (*acquisitio*). Dans son acceptation lé-

que les immeubles d'un *Alien* peuvent revenir à la couronne, parce que c'est dans ce cas seul qu'il peut les avoir en fief, même pour un temps. Mais attendu qu'il ne peut devenir possesseur par l'effet de la loi, ainsi qu'il a été dit ci-dessus, aucun motif ne peut lui faire encourir la *forfaiture*, de même que, vu sa qualité, le roi n'a aucun droit sur sa personne ni ses services.

La *forfaiture* dont il s'agit n'a lieu que lorsque l'*Alien* a été déclaré en forfaiture par suite d'une enquête d'office, ainsi qu'il a été dit, quand il a quitté le royaume, ou après sa mort. Car, dans le premier cas, le franc-fief étant dévolu à l'*Alien*, qui n'est que le tenancier du maître par qui les terres sont possédées, il serait

gale et la plus étendue, ce mot signifie une acquisition de terres par la propre volonté d'un individu et non par succession. Elle est distinguée de l'acquisition, qui est une suite des droits du sang, ou de toute autre opération de la loi.

déraisonnable de le considérer comme *Alien* avant qu'un acte légal lui eût assigné cette qualité, puisque tout individu résidant dans le royaume est considéré comme citoyen de naissance jusqu'à ce que le contraire soit prouvé. A la mort de l'*Alien* cependant, l'investiture passe immédiatement au roi, sans qu'il soit besoin d'enquête, attendu que l'*Alien* ne pouvant avoir d'héritiers, cette formalité devient superflue. Néanmoins si l'*Alien* a obtenu la *dénisation,* l'investiture, après sa mort, passe à ses héritiers en ligne directe; et quand ceux-ci en sont investis, ils ne peuvent être dépossédés qu'en vertu d'une enquête.

Il faut observer que lorsqu'une enquête a été faite, le roi reçoit l'investiture de la terre, à partir de la date de l'acquisition faite par l'*Alien*, et non de l'époque de l'enquête, attendu que les droits du roi aux terres existent du moment où l'*Alien* en a été en possession, et que l'acte d'enquête ne fait autre chose que mettre le roi en possession d'un objet sur lequel il avait des droits antérieurs.

Lorsqu'un *Alien* et un citoyen de naissance achètent des terres en fief commun, et que l'un d'eux vient à mourir, le survivant conserve le titre jusqu'à ce qu'une enquête ait eu lieu, parce que le fief appartient à l'*Alien ;* mais après l'enquête, si c'est un franc-fief, la moitié, et le tout si c'est un *chattel interest* (1) seulement,

(1) CHATTEL (*catalla*). Il y en a de deux espèces : les mobiliers et les immobiliers. Les immobiliers sont les intérêts résultant d'une propriété immobilière, et y étant attachés ; ils participent à la qualité immobilière de ces propriétés, mais ils n'en ont pas la durée. Cette espèce de *chattel* comprend les baux de terres pour plusieurs années, le droit de présentation d'un ministre à une église, etc. La durée d'un *chattel interest* est limitée à un certain espace de temps, au-delà duquel il cesse d'exister. Le *chattel* mobilier est transportable, comme l'argent, les hardes, et toute autre chose qui peut être

appartient au roi, attendu que le roi ne peut être tenancier d'un *chattel interest* conjointement avec un de ses sujets. Pour un franc-fief, il n'en est point ainsi; quoique le roi ne puisse être conjointement tenancier, il peut néanmoins être possesseur d'un franc-fief en commun avec un sujet.

Un *Alien*, comme nous l'avons vu, demeurant nanti de la terre jusqu'à ce que l'enquête soit formée, il en résulte que, s'il est tenancier d'un arrière-fief, il peut, par un acte autrefois appelé *common recovery* (1), le convertir en fief immédiat, en conserver le titre entier, et le transmettre à ses enfans. Ce titre d'arrière-fief mou-

portée d'un lieu à un autre et qui tient à la personne du propriétaire.

(1) Common Recovery. C'est un pouvoir donné ou une concession faite à un tenancier d'arrière-fief mouvant, de disposer de sa propriété comme s'il était tenancier direct; la forme de cette concession a été changée par un acte du parlement, intitulé : *Fine of lands abolition act.*

vant est valable jusqu'à ce qu'il ait des enfans, quoique ceux-ci ne puissent point en hériter. Mais si la terre est donnée à un *Alien* en arrière-fief, et le reste à une autre personne en fief simple, et que l'*Alien* procède en *common recovery*, cet acte, après une enquête formée, détruira le titre de fief simple, et le roi deviendra tenancier en titre.

La loi veut maintenant, quoique l'opinion contraire fût jadis reçue, que les enfans d'un *Alien* nés en Angleterre puissent hériter l'un de l'autre, les frères étant considérés mutuellement comme des descendans directs; quoique, d'après ce qui a été dit, le père, qui est le *commune vinculum* ou la souche de leur consanguinité, ne leur transmette point la qualité d'héritiers qu'il n'a pas, que ses enfans ne puissent hériter de lui, et que par suite ils semblent ne pas avoir le droit d'hériter l'un de l'autre, le principe qui vient d'être émis n'en est pas moins fondé en justice; car, comme dans certains cas, la ligne supposée descendante d'ancêtres indéfinis n'est que fictive, la loi peut aussi bien admettre des ancêtres que des descendans fictifs.

Suivant les statuts 11 et 12, *Guill.* III., c. 6, les citoyens de naissance peuvent hériter et établir leurs titres de descendance de quelque côté que ce soit de leurs ancêtres, directs ou collatéraux, quoique leur père ou autres ancêtres d'où dérivent leurs droits soient nés hors de l'allégeance du souverain. Cependant on a reconnu postérieurement que ces dispositions entraîneraient des inconvéniens résultant de ce que des individus pourraient obtenir pour l'avenir une faculté d'hériter qui n'existerait pas à la mort du dernier possesseur. Les statuts 25 *Georg.* II., c. 39, y ont pourvu, en déclarant qu'aucuns droits d'héritage ne seraient acquis à un individu quelconque, par suite des statuts précités, à moins qu'il n'ait été investi de ces droits à la mort du dernier possesseur. Il y a une exception dans le cas où la terre passerait à la fille d'un *Alien*. Cette descendance alors serait annulée en faveur d'un fils posthume, ou l'héritage serait partagé avec une ou plusieurs sœurs posthumes, selon la descendance ordinaire établie par la loi commune.

Un *Alien* n'étant point apte à posséder un *advowson* (1), non plus que d'autres immeubles, ne peut par conséquent présenter un prêtre à un *advowson*.

(1) ADVOWSON (*advocatio*). C'est le droit de présentation à une église ou à un bénéfice ecclésiastique. Ce n'est point la possession personnelle de l'église, mais le droit de donner à un autre un titre à cette possession personnelle. Celui qui a le droit d'*advowson* est appelé le patron. Lorsque les seigneurs des manoirs bâtirent des églises sur leurs terres, et firent payer, au prêtre officiant dans ces églises, les dîmes qui jusqu'alors avaient été remises au clergé en commun, ils avaient incontestablement le droit et le pouvoir de nommer les prêtres qui leur plaisait pour officier dans ces églises, dont ils étaient les fondateurs, les soutiens et les patrons. Il y a

Comme il est contraire à l'esprit général de la loi qu'un *Alien* plaide ou soit poursuivi devant aucun tribunal du royaume pour une propriété territoriale située en Angleterre, il ne peut non plus être investi de la jouissance *(use)* (1), car il ne pourrait s'en faire envoyer en possession; et quoiqu'il ait été dit que si un *Alien* achète une terre au nom d'un curateur, le roi n'y aura aucun droit après enquête, at-

plusieurs sortes d'*advowson*, mais nous devons nous borner à donner une explication du mot, comme des autres expressions de droit qui se trouvent dans ce vocabulaire, attendu que des considérations plus étendues nous entraîneraient hors des limites que nous nous sommes prescrites.

(1) USE *(usus)*. Ce mot répond au *fidéi-commis* du droit civil.

C'est une confiance accordée à un individu qui est *terre-tenant*, et qui disposera de cette terre selon les intentions de *cetuy qui use*, ou celui à qui la jouissance est donnée, qui l'autorise à en retirer les rentes.

tendu que la loi ne reconnaît que le curateur et non l'*Alien*, la législation actuelle établit clairement que si un *Alien* achète des terres au nom d'un autre, en *fidéi-commis*, pour lui et ses héritiers, elles seront dévolues au roi, attendu que l'allégeance de l'*Alien* n'étant que temporaire, ses propriétés doivent l'être également.

L'aliénation d'une terre en faveur d'un *Alien* serait un cas de forfaiture envers la couronne à l'égard de la terre aliénée.

Avant de terminer ce que nous avions à dire sur les *Aliens*, nous devons faire observer que, quoiqu'un citoyen de naissance ne puisse se soustraire à son allégeance naturelle, il peut cependant en perdre les avantages par une violation des lois, et se placer dans la position d'un *Alien*. Ce qui a lieu lorsque, traversant les mers, il devient sujet d'un prince étranger, et qu'il ne rentre pas en Angleterre dans les six mois après la sommation qui lui en a été signifiée par l'ambassadeur, le consul, ou autre personne à ce autorisée. Le refus de rentrer dans le royaume le rend incapable de devenir exécuteur testamentaire, d'avoir des fiefs par héritage, partage ou achat; et, en sa qualité d'*Alien*, ses propriétés sont acquises à titre de forfaiture à la couronne.

CHAPITRE II.

Des droits civils et commerciaux des étrangers.

Nous allons jeter un coup d'œil général sur les droits, facultés et incapacités des étrangers, sous le rapport de leurs relations civiles et commerciales et de leurs propriétés mobilières dans la Grande-Bretagne. Nous répéterons à cet égard une réflexion que nous avons déjà faite : nos observations n'ont pas pour objet les prescriptions de la loi, dans les modifications qu'elles ont éprouvées à différentes périodes, mais seulement d'exposer ses dispositions actuelles. Les anciennes ordonnances, en apparence défavorables aux étrangers, ont été considérablement modifiées depuis quelques années; et l'observation de Montesquieu, qui dit, en parlant des Anglais : *C'est le peuple du monde qui a le mieux su se prévaloir à la fois de trois grandes choses, la religion, le commerce et la liberté*, est plus exacte de nos jours qu'à l'époque où il écrivait. Ce grand publiciste appréciait alors l'équité et l'opportunité des lois anglaises dans un temps où les étrangers étaient universellement regardés en Angleterre d'un œil de jalousie et de défiance. Mais ces temps heureusement ne sont plus; de plus nobles, de plus généreuses institutions ont depuis été adoptées. Nous avons vu s'abaisser graduellement les barrières qu'on avait, à des époques plus reculées, jugées indipensables pour défendre les droits des sujets de la Grande-Bretagne contre les envahissemens des étrangers, et les dispositions dont ceux-ci étaient l'objet ont été remplacées par des institutions plus conformes à l'esprit du siècle. Nous touchons à l'époque où, selon l'expression d'un illustre politique, M. Pitt, les nations s'attachant à se conformer à l'ordre physique de l'univers, se montreront disposées à n'avoir entre elles que des rapports de bienveillance et d'amitié.

Quelle qu'ait été la rigueur de l'ancienne jurisprudence à cet égard, la loi, telle qu'elle existe aujourd'hui, autorise et encourage les *Aliens* à acquérir des marchandises et autres propriétés transportables par leur nature. Elle leur permet de faire le commerce aussi librement que toute autre personne, et leur offre sous ces différens rapports la même protection. Un *Alien* peut intenter des actions en ce qui concerne ses effets mobiliers; il peut en disposer par testament; il peut encore agir comme exécuteur testamentaire et administrateur de succession, et est passible des statuts concernant la banqueroute, dont il peut également revendiquer les avantages. L'*A*-

lien a le droit, s'il est poursuivi pour quelque contravention, d'être jugé par un jury *de medietate linguæ* (1); il peut même jouir du bénéfice de la loi des pauvres en Angleterre, s'il a tenu un bail de la valeur de dix livres sterling par année; et s'il réside en Angleterre par suite d'une révolution arrivée dans son propre pays, il ne peut être arrêté pour des dettes contractées au-dehors. Ces points de législation, et quelques autres du même genre formeront le sujet du présent chapitre.

Avant d'entrer dans ces détails, il est bon, ce-

(1) JURY DE MEDIETATE LINGUÆ. C'est une très-ancienne prérogative accordée aux étrangers, comme garantie d'une plus grande impartialité dans les jugemens. Si l'une des deux parties est *Alien*, la moitié des jurés doit être *Aliens* (si ce nombre peut se trouver dans le lieu ou se juge le procès). Mais lorsque les deux parties sont *Aliens*, il n'y a pas de partialité présumable, et ce privilége ne peut être réclamé dans le cas de trahison, attendu que les *Aliens* ne sont pas juges compétens pour prononcer sur des questions d'allégeance.

pendant, de faire connaître les formalités que l'étranger doit remplir, pour obtenir la protection et les droits accordés à l'*Alien.* En conséquence, nous allons jeter un coup d'œil général sur les dispositions les plus récentes faites à cet égard.

L'acte du parlement, communément appelé *Alien Act*, établissant des réglemens concernant les *Aliens* résidant en Angleterre, devait avoir, lorsqu'il a été passé, force de loi pendant deux ans seulement. Après avoir été prorogé à différentes reprises, on l'a laissé expirer dans le courant de 1826.

Pendant la même année (la septième du règne du roi *Georges* IV), il a été passé un autre acte; cependant, l'acte, le seul actuellement en vigueur, pour l'enregistrement des Aliens, a pour titre *The act for the Registration of Aliens,* lequel révoque l'acte passé pour le même objet pendant la septième année du règne de Sa Majesté Georges IV. Cet acte a reçu la sanction royale le 19 mai 1836.

Comme une connaissance exacte de son ensemble est de la plus haute importance pour l'étranger arrivant ou résidant en Angleterre, nous en donnons l'acte entier dans les notes auxquelles nous renvoyons le lecteur. Nous nous bornerons à donner ici un aperçu sommaire de ses principales dispositions :

Cet acte, dans sa section première, révoque l'ancien acte concernant les aliens, 7 G. 4, c. 54, et porte :

« Le capitaine de navire qui, après la mise en vigueur de cet acte, arrivera des pays étrangers dans le royaume, devra, immédiatement après son arrivée, déclarer par écrit au principal officier de la Douane du port d'arrivée, si, à sa connaissance, il se trouve à bord de son navire quelque *Alien* et s'il en est débarqué quelqu'un en quelque lieu du royaume, et devra dans ladite déclaration spécifier le nombre des *Aliens* (s'il s'en trouve) à son bord, ou qui, à sa connaissance, sont débarqués; leurs noms, rang, profession et désignation, autant qu'il en sera informé. Si le capitaine de ce navire néglige ou refuse de faire cette déclaration, ou fait une fausse déclaration avec connaissance de cause, il encourra, pour chacun de ces délits, une amende de vingt livres sterling et la somme de dix livres sterling en sus pour chacun des *Aliens* qui aura été à bord au moment de l'arrivée de ce navire, ou qui, à la connaissance du capitaine, en sera débarqué dans quelque lieu du royaume, et que ledit capitaine aura volontairement négligé ou refusé de déclarer; et dans le cas où ledit capitaine négligerait ou refuserait de payer ladite amende, tout officier de la Douane aura le droit, et il en est requis par le présent acte, de retenir ledit navire jusqu'à ce que l'amende soit payée.

Il est dit toutefois que ce qui précède ne s'étendra pas à aucun des matelots employés au service dudit navire tant qu'ils seront attachés à ce navire (s. 2.).

» Tout *Alien*, qui, après que le présent acte aura reçu un commencement d'exécution, arrivera de quelque port étranger dans un port quelconque du royaume, devra, aussitôt son arrivée, présenter et montrer son passeport à l'officier en chef des Douanes du port de débarquement, et faire audit officier, par écrit ou verbalement, la déclaration que celui-ci mettra en écrit, du jour et lieu de son débarquement, de son nom et du pays auquel il appartient, de même que du lieu d'où il vient; ladite déclaration sera faite en la forme qui sera approuvée par un des principaux secrétaires d'Etat de Sa Majesté, et tout *Alien* qui venant de ce royaume négligera ou refusera de présenter son passeport, ou qui refusera ou négligera de faire la déclaration ci-dessus, sera passible d'une amende de deux livres sterling;

» Tout officier de la Douane à qui ledit passeport sera présenté et qui aura reçu une déclaration, sera tenu d'enregistrer aussitôt ladite déclaration dans un livre consacré par lui à cet usage ; ce livre contiendra des certificats imprimés (sans être remplis), avec doubles, dans la forme qui sera approuvée par un des principaux secrétaires d'État de Sa Majesté, et insérera dans les deux doubles et par colonnes les diverses particularités que cet acte exige; ensuite il en délivrera un double à l'*Alien* qui aura fait ladite déclaration.

» L'officier en chef de Douanes dans chaque port de la Grande-Bretagne devra transmettre, dans l'espace de deux jours, à l'un des principaux secrétaires d'État de Sa Majesté, une copie exacte de la déclaration de chaque capitaine de navire et une copie également exacte dudit certificat, et lorsque ledit *Alien* arrivera de quelque pays étranger en Irlande, l'officier de la Douane devra transmettre au secrétaire en chef d'Irlande une copie exacte de ladite déclaration et dudit certificat.

» Tout *Alien*, au moment de son départ du royaume, devra, avant de s'embarquer, délivrer le certificat qu'il aura reçu dans la forme voulue par le présent acte, à l'officier en chef des Douanes du port où il doit s'embarquer; celui-ci y insérera que ledit *Alien* a quitté le royaume, et transmettra aussitôt ledit certificat à un des principaux secrétaires d'État de Sa Majesté, ou au secrétaire en chef de l'Irlande, selon que le cas l'exigera et comme il a été dit ci-dessus relativement au certificat délivré à l'*Alien* à son arrivée dans le royaume.

» Si un certificat donné à un *Alien*, en vertu du présent acte, se trouve égaré, perdu ou détruit, et que ledit *Alien* en produise la preuve à l'un des juges de paix de Sa Majesté, et que ledit juge de paix soit convaincu que ledit *Alien* est dûment en conformité avec le présent acte, ledit juge de paix devra, et il en est requis par le présent, donner un témoignage écrit de sa main; ledit *Alien* sera alors en droit de recevoir de l'un des principaux secrétaires d'État de Sa Majesté ou du secrétaire en chef de l'Irlande, selon que le cas l'exigera, un nouveau certificat qui sera aussi valable que le certificat perdu, égaré ou détruit.

» Tout certificat donné dans la forme requise et mentionnée ci-dessus sera délivré gratis et sans aucune espèce de rétribution; toute personne qui se fera payer d'un *Alien* ou de toute autre pour un certificat ou tout autre clause qui émanera de cet acte, sera passible pour tout délit de cette nature d'une amende de vingt livres sterling; et tout officier des Douanes qui refusera ou négligera de faire ce qui est dit ci-dessus ou qui accordera à cet égard un certificat, contrairement à la teneur du présent acte, ou fera, avec connaissance de cause, une fausse entrée ou négligera d'en transmettre la copie ou de transmettre la déclaration d'un capitaine de navire ou toute déclaration de départ, dans la forme voulue par cet acte, sera passible, pour tout délit de cette nature, d'une amende de vingt livres sterling.

» Toute personne qui fera ou transmettra volontairement une fausse déclaration, falsifiera, contrefera ou altérera, ou fera falsifier, contrefaire et altérer, ou mettra en circulation, avec connaissance de cause, toute déclaration ou certificat dans la forme exprimée ci-dessus, ou obtiendra ledit certificat sous tout autre nom ou désignation que le véritable nom et la véritable désignation de l'*Alien* qu'on s'est proposé d'y nommer ou d'y désigner, sans découvrir à la personne qui aura accordé ledit certificat le véritable nom ou désignation dudit *Alien*, ou s'annoncera faussement être la personne qu'on a eu l'intention de nommer ou de désigner dans ledit certificat ; toute personne coupable de pareil délit, sera, après conviction devant deux juges de paix, passible, ou d'une amende qui n'excédera pas cent livres sterling, ou punie d'un emprisonnement plus ou moins long et à la discrétion desdits juges de paix, mais dont la durée n'excédera pas trois mois.

» Toute infraction à cet acte sera poursuivie dans l'espace de six mois, à partir du jour où elle aura été commise, et le délinquant traduit devant deux ou plusieurs juges de paix de l'endroit où ladite infraction aura eu lieu, lesquels sont requis, à défaut de paiement des amendes, de faire conduire le délinquant à la prison commune pour un temps plus ou moins long, mais dont la durée n'excédera pas un mois, à moins que ladite amende ne soit payée plus tôt ; cette amende alors n'excédera pas vingt livres sterling; et de rendre compte à un des principaux secrétaires d'Etat de Sa Majesté, ou au secrétaire en chef de l'Irlande, selon que le cas l'exigera, de la conviction de tout délinquant à la teneur de cet acte et de la punition ou de la peine prononcée contre lui. Aucune intercession ou suspension ne sera admise qui pourrait changer la procédure d'aucun juge de paix touchant les cas ci-dessus mentionnés ou en renverser ou en suspendre l'exécution. »

Cet acte n'atteint pas les Ministres étrangers ni les gens de leur suite, non plus que les *Aliens* qui ont résidé pendant trois ans et obtenu un certificat à cet égard, ni les *Aliens* au-dessous de quatorze ans.

Le présent acte a commencé à être mis en vigueur à dater du premier jour du mois courant, et peut éprouver quelque changement pendant cette session.

Sans la permission et l'encouragement donnés aux *Aliens* d'acquérir des propriétés mobilières, ils seraient hors d'état de se livrer à leur commerce avec succès ; et cette raison a déterminé les modifications qui ont eu lieu, pendant les dernières années, dans les dispositions relatives aux étrangers, modifications qui toutes ont eu pour but de favoriser le commerce, tandis que la faculté d'acquérir des immeubles n'a reçu que très-peu de changemens et d'extension. Nous parlerons avec plus de détails de la faculté accordée aux étrangers de se livrer au commerce avec autant de liberté que les sujets anglais, étant, à une exception près, soumis aux mêmes devoirs, lorsque nous aurons exposé quelques considérations sur leurs droits civils.

Les tribunaux d'Angleterre ne connaissent pas des délits commis hors du royaume, à moins qu'un acte particulier de parlement ne leur en attribue la compétence. Mais si une partie du délit a été commise en Angleterre, ils peuvent en connaître : ainsi, dans cette circonstance, un *Alien* peut intenter une action judiciaire pour tout préjudice porté à sa personne ou à ses propriétés mobilières ; et cette faculté lui serait accordée même dans le cas où il ne viendrait en Angleterre que pour cet objet, et avec l'intention de retourner dans son pays. Dans le cas où l'*Alien* qui intente une action judiciaire demeure constamment hors du royaume, ou ne s'y trouve que momentanément, n'y étant pas domicilié, il peut être requis, sur la demande du tribunal, de donner caution pour le paiement du coût du procès ; alors toutes poursuites sont suspendues jusqu'à ce que cette formalité soit remplie ; mais cette garantie n'est point exigée de l'étranger, capitaine de bâtiment, faisant le commerce de cabotage dans les ports de la Grande-Bretagne. Un souverain étranger peut exercer des poursuites en Angleterre devant les tribunaux ordinaires et d'*Equity* (1) : ainsi lorsque le gouvernement français paya à l'agent d'une personne nommée par le roi d'Espagne des sommes que réclamaient quelques sujets de ce souverain qui portaient en Angleterre le titre de secrétaires de son agent, le tribunal décida que le roi d'Espagne avait droit à la réclamation de ces fonds, et pouvait en poursuivre le remboursement. Ainsi pareillement une corporation étrangère

(1) Equity (*equitas*). C'est la correction de la loi ordinaire, lorsqu'elle est en défaut ou qu'elle est trop sévère. Elle corrige la loi lorsque, en raison de son universalité, elle est insuffisante, et la supplée dans les cas qu'elle n'a pas prévus. La juridiction du tribunal d'équité s'étend exclusivement à toutes les questions de fraude, abus de confiance, pertes de titres, associations, dispositions testamentaires, etc.

La juridiction du tribunal d'*équité* est très-étendue; le principal de ces tribunaux, présidé par le lord chancelier, prononce particulièrement sur les cas de démence, association de bienfaisance, banqueroute, etc.

peut plaider, en Angleterre, en son propre nom.

Un consul étranger résidant en Angleterre, et recevant des émolumens comme fonctionnaire de son gouvernement, ne peut intenter une action judiciaire pour salaire de ces fonctions, d'après les instructions expresses de son gouvernement; mais il peut exiger des émolumens lorsqu'il s'est occupé d'affaires que ces instructions n'ont point prévues, quoiqu'il ait agi comme consul.

Lorsqu'une poursuite judiciaire a pour objet des imputations calomnieuses ou diffamatoires exprimées dans un idiome étranger, la cause repose sur la question de savoir si ces expressions ont été comprises par ceux devant qui elles ont été prononcées, dans ce sens qui puisse en faire un objet de poursuite. Alors le tort ou le dommage existe, et l'action est admise; mais si une expression étrangère, pouvant donner lieu à une poursuite judiciaire, cesse de présenter le même sens dans la traduction anglaise, l'action tombe nécessairement d'elle-même.

Un étranger qui réside constamment hors d'Angleterre n'est point astreint aux règlemens qui limitent le temps pendant lequel une poursuite doit être intentée. Ce délai se prolonge pendant tout le temps que l'étranger passe sans venir en Angleterre; il est à remarquer que la simple relâche à un port anglais n'est point considérée comme un retour,

Un *Alien*, comme nous l'avons vu, ne peut acquérir aucune propriété territoriale permanente, mais il peut tester pour ses propriétes mobilières. Si son testament est fait dans une langue étrangère, le *probate* (1) sera accordé sur la tra-

(1) **Probate** (*probatio*). Le *probate* d'un testament est la délivrance de lettres testamentaires à un exécu-

duction faite par un notaire public; le cas d'un testament fait par des ouvriers anglais ayant exercé leur profession dans des pays étrangers, et ayant refusé de retourner en Angleterre dans les six mois de la sommation à eux faite par un ambassadeur, ministre ou consul, n'ayant aucun effet en Angleterre, ne fait plus exception.

Lorsqu'un *Alien*, résidant au dehors, meurt *intestat*, tous ses biens en Angleterre sont partagés selon les lois du pays où il résidait. S'il en était autrement, aucun étranger ne pourrait négocier sur les fonds anglais sans craindre de voir ses propriétés mobilières distribuées d'après lois anglaises, et non d'après celles de son pays.

teur par le tribunal spirituel, qui détermine la validité du testament, quant à ce qui regarde les personnes. Cette pièce met l'exécuteur testamentaire à même d'intenter une action judiciaire, etc. C'est une preuve incontestable du testament, dans toutes les questions relatives à la personnalité.

Les propriétés mobilières suivent la personne du possesseur, et, en cas de décès, doivent être distribuées suivant les lois du pays où il avait son domicile, l'actuel *secùs* de la propriété n'ayant pas d'influence : mais cette résidence doit être fixe, et non pas simplement accidentelle, ou pour une cause temporaire.

La qualité d'*Alien* ne rend pas incapable d'administrer : un *Alien*, au contraire, peut être nommé exécuteur testamentaire ou administrateur de succession. Mais si un exécuteur testamentaire à qui il a été accordé un *probate* demeure hors d'Angleterre, tout créancier, à l'expiration d'une année à dater de la mort du testateur, peut obtenir l'administration spéciale.

Tout individu qui n'est pas citoyen de naissance n'a pas, généralement parlant, les qualités nécessaires pour être juré : cependant cette circonstance ne prive pas l'*Alien*, qui est poursuivi pour quelque crime ou délit, du droit d'être jugé par un jury *de medietate linguæ*. Sur la demande qu'il présente à cet effet, le shériff, d'après l'ordre de la cour, avise à ce que la moitié du jury soit composée d'étrangers, si l'on peut en trouver en nombre suffisant lorsque le procès commence ; et si le nombre compétent ne se trouve pas, à ce qu'on en réunisse autant que possible. Ces jurés ne sont pas sujets à être récusés ou rejetés par le défaut de quelques qualités requises par la loi du jury, mais ils peuvent l'être pour d'autres motifs, comme *propter affectum*, *propter delictum*, etc.

Les droits d'électeurs ne s'étendent pas aux *Aliens*, à moins qu'ils n'aient été admis à la *dénisation* par lettres patentes, ou à la *naturalisation* par acte du parlement. Les *Aliens dénisés* ou *naturalisés* ne sont pas éligibles comme membres de la Chambre des communes.

C'était jadis un objet de doute si un *Alien* ne

pouvait prétendre au bénéfice de la loi pour le soulagement et l'établissemeut des pauvres en Angleterre : il est clairement établi maintenant qu'il le peut. La supposition qu'un étranger n'aurait aucun droit à être secouru, et qu'on pourrait le laisser périr de faim et de misère, a été repoussée avec indignation par un magistrat dont l'humanité égale les lumières, l'illustre lord Ellenborough. Dans un jugement porté dans un cas semblable, il disait que la loi de l'humanité, antérieure à toutes les lois positives, nous obligeait à préserver les étrangers qui réclament des secours de succomber sous le poids de la misère, et que les lois n'ont été établies que pour constater plus positivement cette obligation, et préciser la manière dont elle doit être remplie.

Les règles concernant l'arrestation des étrangers en Angleterre, excepté lorsqu'il s'agit des ambassadeurs, des ministres étrangers et de leurs domestiques, diffèrent peu de celles applicables aux sujets anglais. Le privilége de ne pouvoir être arrêté dont jouissent les pairs d'Angleterre ne s'étend pas à ceux d'aucun autre pays. Quant aux ambassadeurs et ministres étrangers, leurs personnes ne peuvent être arrêtées en vertu de la loi civile, et leurs meubles ne peuvent être saisis pour paiement de dettes, même par autorisation du roi et par les règlemens du lieu de leur résidence. Les droits des ambassdeurs, établis par les lois des nations, sont un objet d'intérêt général, et l'on veille à leur maintien en arrêtant toute poursuite judiciaire dirigée par l'ignorance ou la méchanceté d'individus qui voudraient attenter aux privilèges d'un ministre étranger, ou même de ses domestiques. Ce privilége ne peut être détruit par aucun acte de l'ambassadeur, et le commerce même que ferait celui-ci ne peut l'annuler : mais il ne s'étend pas jusqu'au consul, parce que le caractère de ce fonctionnaire ne protége pas celui de négociant, lorsque l'un et l'autre sont unis dans la même personne. Si le consul contracte des dettes ou des engagemens commerciaux, il peut être poursuivi en Angleterre pour cet objet, et est sujet à la loi du pays où il exerce ses fonctions. Les domestiques d'un ambassadeur ou d'un ministre étranger qui ont le privilége de ne pouvoir être arrêtés sont ceux qui demeurent dans la maison de ce fonctionnaire, et sont réellement ses domestiques personnels. Ils doivent faire connaître la nature de leur service, et jurer qu'ils en exercent les fonctions. L'aumônier qui n'officie pas dans la chapelle de l'ambassadeur, le médecin et l'interprète qui ne demeurent pas dans sa maison, ne jouissent pas du privilége de ne pouvoir être arrêtés.

Nous avons dit qu'un individu qui a commis dans un pays étranger un crime capital, et qui se réfugie en Angleterre, peut être saisi et livré aux magistrats du pays où le crime a été commis. L'existence de cette faculté dans les lois anglaises a été mise en doute, et on peut se demander si, par une absence de réciprocité à cet égard avec les autres pays, l'Angleterre ne s'écarte pas en partie du but des lois criminelles, et n'offre pas, pour ainsi dire, une impunité au crime dans son sein et au dehors. Quoique l'Angleterre admette l'exercice et reconnaisse l'avantage de cette mesure, en demandant l'extradition des coupables anglais qui se trouvent au dehors, elle devient elle-même l'asile des criminels étrangers : l'absence de réciprocité de sa part entraîne un refus semblable de quelques autres pays.

Un savant jurisconsulte a dit que, par l'assentiment de toutes les nations, le pays dans lequel on découvre un criminel a toujours dû aider la police de celui où le crime a été commis à lui infliger un châtiment. Après avoir donné diverses preuves à l'appui de ce fait, il ajoute que telle a toujours été la loi de tous les pays civilisés. Dans les débats d'un jugement pour assassinat, récemment rendu en France, l'avocat du roi a dit au jury : « Il ne peut y avoir de pays où le crime » trouve protection et hospitalité. » Cette observation juste et raisonnable devient erronée si les lois anglaises n'offrent pas la faculté en question. Il serait malheureux sans doute, pour les principes de la tolérance et de la liberté, que cette faculté comprît les délits politiques ; mais une semblable considération ne peut exclure le principe. Il est certaines règles morales que rien ne peut altérer, et qui sont les mêmes dans tous les pays : leur infraction, lorsqu'elle est authentiquement prouvée par des recherches préliminaires et une enquête contre l'individu accusé, semble devoir être la règle à suivre pour l'application de ce principe.

Un *Alien* peut être admis comme caution en Angleterre, et, s'il est nécessaire, prêter serment, et être examiné par un interprète. Les propriétés en pays étranger, quelles qu'en soient l'étendue et la valeur, ne sauraient jamais être suffisantes pour lui attribuer cette prérogative. Mais si ses possessions sont partie en Angleterre et partie à l'étranger, ou si journellement le propriétaire est attendu sur un bâtiment venant du dehors dans un port d'Angleterre, il peut être admis comme caution; il en est de même d'un étranger dont la moralité et le crédit sont reconnus, quoique ses possessions en Angleterre soient peu importantes, et surtout si le défendeur est aussi un étranger.

Il n'existe pas de distinction entre l'étranger et le citoyen de naissance, quant à la durée de l'emprisonnement pour dettes civiles. Le premier n'est point privé du bénéfice de cession, qui permet au débiteur honnête, mais malheureux, de conserver sa liberté en faisant l'abandon de tout son avoir, et même de ses biens à venir.

En nous occupant des droits commerciaux et priviléges des étrangers, nous ne devons pas oublier que toutes les affaires commerciales sont réglées en Angleterre par une loi appelée *lex mercatoria*, dont toutes les nations ont connaissance. Elle est formée par la réunion de ce que les auteurs les plus estimés de toutes les nations ont écrit sur les règles générales et sur les principes fixes, qui sont reconnus tels dans tous les pays en fait de commerce. Ainsi, dans les questions qui concernent le commerce, la marine, et autres du même genre, la loi *mercatoria*, fondée sur la loi générale des nations, est régulièrement et constamment suivie. C'est une loi universelle.

Un négociant se livrant au commerce en Angleterre ou dans tout autre pays, est tenu de se conformer aux lois de ce pays. Faire un commerce illicite, engager les sujets du pays à le favoriser, c'est agir d'une manière contraire à la bonne foi, et tout acte ayant pour objet de faire ou de protéger un tel commerce est illégal, et il ne peut en résulter aucune obligation. On ne peut donc exercer en Angleterre aucune poursuite judiciaire pour des transactions concernant des marchandises qui y sont prohibées, soit que ces marchandises aient été emballées d'une manière particulière, à dessein d'en favoriser la contrebande, soit que le vendeur se soit engagé à les livrer en Angleterre, et qu'elles ne dussent être payées que dans le cas où on réussirait à les débarquer. Si elles sont emballées d'une manière particulière, le vendeur ne peut dire qu'il ne doit pas courir les risques de l'importation, attendu qu'ayant su dans le principe que ces marchandises devaient être passées en contrebande, il a participé à un acte illégal. Il ne peut donc poursuivre par les voies judiciaires le paiement du prix de cet envoi.

Si la vente et la livraison des marchandises ont été entièrement effectuées au dehors, quoique le vendeur sache qu'elles devaient être transportées en Angleterre en contrebande, il peut néanmoins en poursuivre le paiement devant les tribunaux, parce que cette connaissance ne constitue pas pour lui la circonstance d'avoir pris part à une transaction illégale, n'ayant fait aucune démarche pour pour favoriser le débarquement. Toute obligation, tout engagement ayant pour objet la contrebande, deviennent nuls dans les mains de celui qui aurait pris part à ces transactions illégales.

Les statuts relatifs à la répression de la contrebande portent que tout navire ou bateau étranger trouvé à la distance d'une lieue des côtes du royaume, ne se dirigeant pas vers le but de son voyage lorsque le temps le permet, et ayant à bord ou convoyant ou ayant convoyé à cette distance des marchandises saisissables d'après quelque acte du parlement rélatif aux droits de douanes sur l'importation de ces marchandises en Angleterre, sera saisi, avec ses agrès, apparaux, armement et son chargement en général.

Les droits de douanes à payer par les *Aliens* sur les marchandises importées en Angleterre étaient autrefois plus forts que ceux qui étaient perçus sur les propriétés des citoyens de naissance. Cette illibérale distinction a cessé, et la seule exception qui existe maintenant à cet égard est le droit appelé *scavage* (étalage). C'est une taxe que perçoit la ville de Londres sur les marchandises des *Aliens*, taxe regardée avec raison comme odieuse et impolitique. Il serait honorable sans doute, pour la cité qui la perçoit, de la supprimer. Il est prescrit à tous négocians important ou exportant des marchandises de souscrire par eux-mêmes ou par un agent un ou plusieurs bulletins d'entrée, contenant la déclaration que la marchandise est pour compte d'*Aliens* ou de citoyens anglais. Ils peuvent être, à cet égard, appelés à prêter serment devant les officiers chargés de percevoir les droits. Aucune entrée pour compte d'*Alien* n'est permise, aucune marchandise n'est livrée par les officiers de la douane, si elle ne porte la signature du collecteur de la ville ou de ses délégués; et si les marchandises portées pour compte d'Anglais se trouvent appartenir à un *Alien*, le négociant ou ceux qui ont fait entrer ces marchandises encourent une amende de cinquante livres sterling au profit de la ville de Londres.

Pour prévenir la fraude à l'aide de laquelle on pourrait dénaturer ou soustraire des marchandises d'*Alien*, il a été ordonné que quelques articles que ce soit, importés sur tout autre bâtiment qu'un bâtiment anglais, sont censés marchandises étrangères, et soumis en cette qualité à la perception des droits de douane, par quelque port ou ville qu'ils soient introduits.

Le statut VI de *Georg.* IV, ch. CXI, contient un tarif des droits de douanes payables pour les marchandises importées des ports étrangers en

Angleterre, et des primes (*drawback*) accordées pour leur réexportation. Le même tarif fixe les droits imposés sur les marchandises exportées des ports de l'Angleterre à l'étranger, ainsi que sur les marchandises transportées d'un lieu à l'autre de la Grande-Bretagne, et la prime par la réexportation. Cet acte a été modifié par les actes de la septième année de *Georges* IV, chapitre XLVIII, LIII; de la neuvième, *Georges* IV, chap. LXXVI, et autres actes.

Le roi d'Angleterre peut, par un arrêté pris en conseil, autoriser l'importation et l'exportation de marchandises sur des bâtimens étrangers, avec les mêmes droits et les mêmes primes et faveurs qui sont imposées ou accordées aux bâtimens anglais, pourvu toutefois que, préalablement à cette autorisation, il ait été suffisamment justifié qu'en réciprocité, des droits et des primes semblables en faveur de la Grande-Bretagne existent chez la nation à laquelle appartiennent ces bâtimens.

Des droits additionnels peuvent être mis sur les marchandises importées en Angleterre par des bâtimens des pays où des droits plus forts sont établis sur les marchandises importées par les bâtimens anglais, que sur celles importées par les bâtimens du pays. Il en est de même du tonnage des bâtimens étrangers. Leur entrée, après certaines formalités, peut être autorisée, en payant le même droit de tonnage que les vaisseaux anglais; le roi peut aussi augmenter ces droits pour les navires appartenant à des ports où les bâtimens anglais paient un plus fort tonnage que ceux du pays.

On peut encore prélever un droit additionnel, n'excédant pas un cinquième du montant des droits existans, sur tous les produits du sol ou des manufactures d'un pays qui perçoit des droits plus élevés sur les produits du sol ou des manufactures de la Grande-Bretagne et ses possessions, que sur les mêmes articles d'un autre pays. Le même droit peut se percevoir tant sur les marchandises importées par des bâtimens de tous les pays qui perçoivent des droits plus forts ou d'autres droits par les marchandises importées par des bâtimens anglais, que sur celles importées sur des bâtimens nationaux ou de tout autre pays, ou qui prélèvent un droit de tonnage, d'ancrage et autres, plus fort ou différent, sur les bâtimens anglais que sur les bâtimens nationaux, ou qui enfin ne placent pas le commerce et la navigation de la Grande-Bretagne sur le même pied que ceux des nations les plus favorisées dans leurs ports. L'importation d'un article manufacturé produit d'un pays étranger peut être également prohibée, dans le cas où l'exportation dans les possessions anglaises de la matière première servant en tout ou en partie à la confection de cet article, est prohibée par les lois de ce pays, ou un droit additionnel n'excédant pas le cinquième mentionné ci-dessus peut être imposé sur l'article manufacturé. Dans le cas où cette matière première est sujette à un droit d'exportation du pays étranger à un port anglais, on peut la soumettre en Angleterre à un droit additionnel, comme il vient d'être dit ci-dessus.

Les statuts de le sixième année de *Georges* IV, chap. 60, relatifs à l'enregistrement des bâtimens anglais, portent qu'aucun individu ayant prêté serment d'allégeance à un pays étranger (et tous les étrangers sont censés l'avoir fait, quoiqu'ils n'aient pas rempli les formalités voulues), excepté aux termes de quelque capitulation, et à moins d'être devenu postérieurement sujet *dénisé* ou *naturalisé* de la Grande-Bretagne, par lettres patentes ou par acte du parlement, aucun individu résidant habituellement dans des pays qui n'appartiennent pas au gouvernement de S. M. Britannique, à moins qu'ils ne soient membres de quelque factorerie anglaise, agens ou associés de quelque maison faisant commerce dans la Grande-Bretagne ou l'Irlande, ne peuvent devenir propriétaires, en tout ou en partie, directement ou indirectement, d'un ou plusieurs bâtimens dont cet acte ordonne l'enregistrement. Cet enregistrement comprend les bâtimens construits dans la Grande-Bretagne, dans les îles de Jersey et Guernesey, et dans les colonies qui, au moment où le bâtiment a été construit, appartenaient à S. M. Britannique; il comprend les bâtimens qui ont été déclarés de bonne prise par une commission de l'amirauté, ceux qui ont été légalement confisqués pour contraventions à la loi sur la traite des nègres, et tous ceux enfin qui appartiennent aux citoyens anglais autorisés par ledit acte à être propriétaires de bâtimens.

D'après une disposition du même acte, le radoub des bâtimens anglais dans un port étranger ne doit pas excéder en frais vingt schellings par tonneau du port du bâtiment réparé, à moins qu'il ne soit prouvé que des avaries extraordinaires éprouvées à la mer depuis le départ l'ont empêché de rentrer dans une des possessions britanniques. Le conseil privé peut également permettre aux propriétaires des bâtimens de se rendre dans des ports étrangers pour y faire les réparations qu'ils n'ont pu effectuer dans les ports anglais, en raison d'associations d'ouvriers.

Les restrictions apportées au commerce des *Aliens*, qui ont eu lieu quelque temps encore après la révocation des droits ci-dessus mentionnés, ont été en partie annulées par le statut 3, *Georges* IV, chapitres 41 à 45. Le premier de ces chapitres est intitulé *Acte pour révoquer divers anciens statuts et parties de statuts relatifs à l'importation et l'exportation des marchandises des pays étrangers en Angleterre, et réciproquement*. Cet acte porte que divers statuts et actes du parlement, ou parties d'actes relatifs à l'importation et à l'exportation des marchandises, et aux règlemens et instructions relatifs à cette importation et exportation, faits et passés à différentes époques avant la douzième année du règne de *Charles* II, ne sont pas rapportés, quoiqu'ils puissent être considérés comme inutiles, et en opposition avec les actes rendus postérieurement, et maintenant en vigueur, pour l'encouragement de la marine et de la navigation. Des doutes s'étant élevés sur la question de savoir jusqu'à quel point lesdits statuts ou actes, ou parties d'actes, peuvent demeurer en force et vigueur, pour prévenir les inconvéniens qui peuvent résulter de semblables doutes, il faut que lesdits statuts ou actes ou parties d'actes, en ce qui a rapport à l'importation ou l'exportation des marchandises, et aux règlemens et instructions y relatifs, aient été rapportés et déclarés de nul effet.

Les tribunaux anglais se sont toujours attachés très strictement aux lois, lorsqu'il s'agissait de protéger ou de favoriser un *Alien* dans son commerce; et quoiqu'ils ne puissent sanctionner la passation d'un bail à un ARTISAN *alien* qui n'est point autorisé à prendre un bail de plusieurs années, comme l'est un NÉGOCIANT *alien*, cependant cet artisan peut obtenir l'autorisation de prendre une maison, autorisation qui n'a pas la force d'un bail. Les tribunaux peuvent encore autoriser la convention d'une certaine somme à titre de loyer pour aussi long-temps qu'il conviendra aux parties, et aussi forte que la nature des lieux l'exigera.

Les contrats et obligations passés entre des étrangers et des sujets anglais sont considérés par les tribunaux anglais de la même manière que les obligations passées entre des citoyens; les tribunaux autorisent toujours l'exécution des actes faits d'après les lois du pays où ils ont été passés, malgré les dissidences qu'ils peuvent offrir avec les lois anglaises. Mais lorsque, dans un procès ayant pour objet un contrat passé en pays étranger, la position du défendeur n'est pas la même en Angleterre, il est tenu d'en administrer la preuve.

Lorsqu'un contrat portant intérêt est passé dans un pays étranger, ou lorsque le paiement d'une dette est illégalement refusé, le taux de l'intérêt sera calculé selon les lois du pays où le contrat a été passé ou la dette contractée, et non d'après le taux des intérêts du pays où se fait la réclamation; mais les tribunaux n'accorderaient pas les intérêts des intérêts, bien que cela fût admis par l'usage du pays où l'acte a été passé.

Un *Alien* peut être partie dans une obligation écrite; car, puisqu'il lui est permis de faire le commerce, on doit raisonnablement lui permettre de prendre toutes les sûretés nécessaires pour l'exécution des actes qu'il passe.

Si une femme, dont le mari étranger demeure au dehors, obtient du crédit en Angleterre comme femme non mariée, elle pourra être poursuivie pour ses propres dettes, mais dans le cas seulement où elle se présenterait de nouveau comme femme non mariée. Une femme née *Alien* ne peut être poursuivie pour dettes en Angleterre, si son mari a vécu avec elle, quoiqu'il en soit parti pour entrer au service de l'étranger.

Tout individu qui a fait le commerce de l'extérieur ou de l'intérieur en Angleterre, c'est-à-dire qui a apporté des marchandises en Angleterre et les a envoyées au dehors pour être vendues, ou envoyé des marchandises du dehors pour être vendues en Angleterre, s'il vient à faire faillite, est sujet à la loi relative aux banqueroutes, et a droit aux bénéfices qu'elle leur assure, soit qu'il soit *Alien*, *dénisé* ou sujet de naissance, et malgré qu'il n'ait jamais résidé en Angleterre comme négociant, et n'y soit venu qu'accidentellement.

Cependant une quittance donnée par un syndicat de faillite en pays étranger ne suffit pas pour arrêter une poursuite exercée pour raison d'une faillite faite par un sujet anglais pour ses dettes contractées en Angleterre. Mais un certificat obtenu à l'étranger arrête en Angleterre la poursuite de dettes contractées à l'étranger; car une quittance consentie dans le pays où la dette a été contractée est toujours, partout ailleurs, une décharge suffisante.

Les intéressés dans une faillite, qui tiennent leurs titres de réglemens étrangers, peuvent poursuivre devant les tribunaux anglais le paiement des sommes dues à la masse de la faillite.

Un étranger qui a vendu des marchandises de contrebande à un négociant en Angleterre en état de faillite, est autorisé à prouver sa dette devant le syndicat de la faillite, pourvu que cet étranger n'ait point participé à l'acte de contrebande, et n'ait pas pris part à la transaction. Un fraudeur est dans le même cas : lorsqu'il vend ou achète, comme négociant, des marchandises de contrebande, il peut être poursuivi comme failli, quoique de pareils achats et ventes soient des opérations illicites.

Un acte passé par des étrangers dans un pays étranger doit être interprété, *prima facie* suivant la signification commune des termes, et il sera entendu dans ce sens par les tribunaux anglais, à moins qu'il ne soit allégué dans le procès que les expressions employées auraient une acception différente suivant les lois du pays étranger.

Un statut qui impose un droit (ou une contribution) sur la propriété des personnes résidant dans la Grande-Bretagne, s'applique à ceux qui y demeurent, quelque court qu'y soit leur séjour, et quoiqu'ils aient ailleurs leur domicile permanent.

On ne pourrait attaquer un brevet d'invention anglais obtenu par un étranger, sur le motif que l'impétrant se serait servi de quelques termes français. Il a été décidé que l'inventeur n'était pas forcé d'établir la description, ou spécification de son brevet par les termes seuls. Le mécanicien qui invente une machine peut joindre à son exposé des dessins, et la spécification est considérée comme suffisante, si, par la comparaison des termes descriptifs et des dessins, les uns expliquent les autres de telle sorte que tout mécanicien exercé puisse, sur ces données, exécuter la machine.

En Angleterre, il n'est pas parmis aux *Aliens* de s'assembler pour intervenir dans les affaires politiques de leur patrie, ou de tout autre pays, lorsque ces réunions peuvent, de quelque manière que ce soit, compromettre la neutralité de l'Angleterre.

CHAPITRE III.

Des lois étrangères, et actions judiciaires dans les pays étrangers.

Si l'on considère les lois étrangères dans leurs effets et les actes judiciaires des pays étrangers sous le rapport où le degré d'autorité que peuvent leur accorder les tribunaux anglais, on doit poser en règle générale que, pour s'autoriser d'une loi de quelque pays que ce soit, il faut en prouver l'existence, si elle est écrite, par une copie authentique. Ainsi, un exemplaire imprimé des six Codes de France, produit par le vice-consul français résidant à Londres, et qu'il aurait acheté chez un libraire français, serait admis en preuve de la loi de France relative au sujet sur lequel un tribunal anglais aurait à prononcer. Mais ce tribunal n'aurait pas la même déférence pour une ordonnance rendue par un gouvernement étranger, et qui ne serait pas conforme à la loi des nations. Si la loi n'est point écrite, elle doit être prouvée par des témoins qui connaissent les lois du pays : avant qu'un acte passé dans un pays étranger, et qui produit un effet légal d'après une loi de ce pays, soit admis, l'existence de cette loi doit être prouvée par des témoins. Ainsi un acte énonçant un cas de divorce, et scellé par la synagogue de Livourne, n'est point admissible comme preuve de divorce, à moins que l'existence de la loi du pays ne soit préalablement prouvée.

Les tribunaux d'Angleterre ne connaissent pas

des lois de finances ou des lois pénales des pays étrangers, non plus que d'une commission délivrée par un prince étranger.

Tout acte judiciaire ayant eu lieu dans un pays relativement aux propriétés d'individus soumis à la juridiction de ce pays est exécutoire sur les propriétés de ces mêmes individus dans tout autre pays, et le jugement d'un tribunal étranger compétent sur une question décidée par la loi de ce pays semble exécutoire en Angleterre, lorsque la question concerne les mêmes parties.

Le jugement d'un tribunal étranger reconnaissant la validité d'un mariage contracté dans le pays est une preuve suffisante, devant un tribunal anglais, de la validité de ce mariage; car un mariago célébré dans un pays étranger doit être déterminé par la *lex loci*, et la validité d'un tel mariage résulte nécessairement de la loi du pays où il a été célébré.

Une sentence de séparation de corps entre mari et femme, par suite d'un procès en adultère, rendue par un tribunal étranger, est admissible devant le *tribunal ecclésiastique* (1) d'Angleterre, et une sentence de nullité de mariage rendue dans le pays où le mariage a été célébré sera d'un grand poids; mais le jugement d'un tribunal étranger prononçant la nullité d'un mariage qui n'aura pas été célébré dans sa juridiction ne jouira pas du même avantage.

Il a été récemment décidé, par un arrêt de la cour de chancellerie, qu'un divorce obtenu dans un pays étranger n'a pas l'effet d'annuler un mariage célébré en Angleterre, et que les droits

(1) **Tribunaux ecclésiastiques.** Émanant de l'autorité du roi, comme chef suprême de l'église, ces tribunaux connaissent des matières concernant la religion. Les questions matrimoniales et testamentaires sont aussi de leur compétence.

maritaux de l'époux subsistent comme si le divorce n'avait point eu lieu.

Si un Anglais, marié à une femme *Alienne*, vend ses immeubles et que sa femme se fasse naturaliser, le prix des immeubles vendus fait partie de son douaire.

Le legs fait par un Anglais à une femme mariée sujette d'un pays étranger peut être recueilli par son mari, si ce dernier y a droit par la loi de son pays.

Quant aux lettres de change, si, d'après les lois du pays où elles ont été acceptées, et où elles devaient être payées, l'obligation a été annulée par un acte quelconque, elles cessent d'avoir aucune valeur en Angleterre.

Une personne jugée en état de démence par

un tribunal étranger sera considérée comme en état de démence en Angleterre.

Il est hors de doute qu'un individu acquitté d'une accusation criminelle ou d'une poursuite judiciaire par un tribunal étranger peut se prévaloir de ce jugement pour repousser une nouvelle poursuite intentée contre lui pour le même fait en Angleterre, et que, dans une accusation criminelle, comme pour un assassinat commis en pays étranger, celui qui a été acquitté dans ce pays peut en Angleterre repousser toute nouvelle action par une fin de non-recevoir.

Les tribunaux anglais admettent l'attestation sous serment faite devant des magistrats étrangers toutes les fois que la compétence de ces magistrats est suffisamment prouvée. Ainsi, une attestation sous serment pour dettes faites par un demandeur résidant en pays étranger, devant un magistrat étranger dont la signature et la qualité pour recevoir serment en ce pays sont légalisées par une attestation à ce sujet en Angleterre, est un titre suffisant pour que le juge ordonne au défendeur de donner caution.

Les certificats délivrés par les consuls et vice-consuls anglais à l'étranger ont été assimilés aux jugemens rendus par des tribunaux étrangers; mais ces fonctionnaires ne sont point, à proprement parler, des magistrats, et la législation anglaise ne contient aucunes dispositions d'après lesquelles on puisse admettre leurs certificats comme preuve des faits qui y sont relatés. Quoiqu'on ait avancé qu'une attestation sous serment pour dettes, faite devant un vice-consul anglais à l'étranger en l'absence du consul, était suffisante pour obliger le défendeur à donner caution, on peut douter que le consul anglais en pays étranger soit autorisé à recevoir serment, si ce n'est dans les cas où il en a reçu la mission par acte exprès du parlement, et comme s'il était magistrat du pays où il réside.

Un certificat notarié et enregistré, vérifié par le consul anglais, dont l'écriture est reconnue par serment, attestant un pouvoir donné en pays étranger à une personne à Londres, à l'effet de recevoir de l'argent pour une personne à l'étranger, ne sera point admis par un tribunal anglais pour l'exécution de cet acte, s'il n'est accompagné de l'attestation par serment du témoin qui l'a signé. Ainsi un acte passé à l'étranger, et certifié par un étranger, peut être admis pour preuve de l'écriture du témoin et de la partie intéressée, mais non pour preuve de l'écriture de la dernière seulement.

La copie extraite des registres d'une église étrangère n'est pas suffisante en Angleterre pour y établir la preuve d'un mariage; et le mariage célébré entre des étrangers dans la chapelle d'un ambassadeur étranger n'est point exempt des formalités prescrites par les statuts concernant les mariages en Angleterre.

Dans toute poursuite judiciaire intentée en Angleterre, un étranger peut obtenir l'autorisation de répondre dans sa propre langue, ou par un interprète : ainsi un étranger défendeur dans un procès devant le tribunal d'*Equity*, s'il ne connaît pas la langue anglaise, sera autorisé à faire sa réponse, dans l'instruction et autres formalités de procédure, dans son idiome natal; cette réponse sera accompagnée d'une traduction assermentée. Toute commission nommée par le tribunal pour recevoir la réponse d'un étranger a nécessairement le pouvoir de la recevoir par l'intermédiaire d'un interprète, si cela est nécessaire.

Dans toute poursuite judiciaire intentée en Angleterre, le témoignage d'un *Alien* est aussi valable que celui d'un citoyen, et l'*Alien* appelé en témoignage reçoit la même indemnité pécunaire. S'il a été appelé du dehors, il peut réclamer les frais de son voyage. Mais le témoin étranger domicilié en Angleterre, quoiqu'il ait droit à la même indemnité que les autres témoins, ne peut prétendre au paiement des frais de son retour dans son pays.

TITRE III.

DE LA DÉNISATION.

Un *Dénisé* est un *Alien* qui a été investi de quelques uns des priviléges appartenant au sujet de naissance. Ces priviléges peuvent lui être accordés pour toute sa vie, ou pour un temps limité, pour lui et ses enfans, ou pour lui et ses héritiers en général, sans restriction, ou pour un cas particulier et sous certaines conditions, ou enfin pour l'autoriser seulement à passer un acte spécial.

« Un *Dénisé,* dit lord Bacon, est celui qui n'est que *subditus insitivus* ou *adoptivus*; c'est un sujet admis ou adopté : il ne l'est jamais par naissance, mais par un rescript du roi, et ne peut l'être autrement, à quelque âge peu avancé qu'il soit venu dans le royaume, et quelque prolongé qu'y ait été son séjour. Le domicile et le séjour ne produisent pas la *Dénisation,* non plus que le serment d'obéissance au roi, mais elle ne peut être obtenue, ainsi qu'il a été dit, que par la volonté du souverain. La loi donne au *Dénisé* une qualité et des droits qui ne sont pas limités en étendue, mais seulement en durée : comme avant une certaine époque il n'avait pas la qualité de sujet, la loi ne le reconnaît point tel à cette époque. S'il a des enfans après sa dénisation, ils sont aptes à hériter, ce que ne peuvent faire ceux qui sont nés auparavant. Le roi lui-même ne peut donner le droit d'hériter à l'enfant d'un *Alien* par lettres de *Dénisation* ou de toute autre manière, cette prérogative appartenant au parlement seul, par un acte de naturalisation. Ainsi, comme le dit Blackstone, un *Dénisé* peut être considéré comme placé dans un état intermédiaire entre l'*Alien* et le citoyen de naissance, et participer de l'un et de l'autre. Un *Dénisé* peut avoir des terres par *purchase* ou par donation, droit que n'a point un *Alien*, mais il ne peut hériter; ses parens étant *Aliens*, et n'ayant pas la qualité d'héritier lui-même, il ne peut la transmettre à ses descendans.

Les enfans d'un *Dénisé*, nés avant la *Dénisation*, n'héritent point de lui; ils héritent lorsqu'ils sont nés après la *Dénisation*, même à l'exclusion des premiers, par la raison qui vient d'être exposée ci-dessus. Si la femme est *Alienne*, et qu'elle obtienne la *Dénisation* après que son mari a aliéné ses propres terres, elle ne peut, après la mort de celui-ci, recevoir ces terres à titre de douaire.

Suivant un acte du parlement, les *Dénisés* ne peuvent être membres du conseil privé et des deux chambres. Ils ne peuvent non plus remplir aucunes fonctions civiles ou militaires, ni recevoir aucune dotation de la couronne. Il est constant, au reste, que le droit de constituer des *Dénisés* n'appartient pas exclusivement au roi, mais peut être exercé par le parlement. Cependant ce droit n'est, en général et de fait, exercé que par le pouvoir royal. La simple nomination à un emploi, faite par le roi en faveur d'un *Alien*, ne constitue pas cet *Alien* en état de *Dénisation*. Les lettres patentes sont le mode le plus habituel de conférer la *Dénisation*.

La loi d'Angleterre, non-seulement protége les *Aliens* qui ont obtenu la *Dénisation*, mais elle respecte encore les droits de ceux qui ont été reconnus citoyens de gouvernemens étrangers. Il est arrivé, par exemple, qu'un Anglais de naissance, naturalisé dans un état voisin, a été admis comme tel aux avantages d'un traité entre l'Angleterre et ce gouvernement, qui lui permettait d'avoir des relations commerciales avec une troisième contrée, priviléges que sa qualité seule d'Anglais ne lui aurait point attribués.

Quoiqu'il soit inséré dans les lettres de *Dénisation* une clause portant que le *Dénisé* observera les lois du royaume, et y obéira ; comme cette clause n'est point une condition de la *Dénisation*, elle n'annulle et ne révoque pas, en cas d'infraction, les lettres de *Dénisation*, mais soumet seulement le *Dénisé* aux peines portées contre les délits ou infractions dont il pourrait se rendre coupable.

Le modèle des lettres de *Dénisation*, qu'on

trouvera dans les notes, donnera une idée pleine et entière des droits et priviléges qu'elles concèdent à ceux qui les obtiennent. Nous y joindrons dans le même dessin un modèle des actes relatifs à l'enregistrement des *Aliens* et à la naturalisation.

TITRE IV.

DE LA NATURALISATION.

On distingue deux classes de personnes *naturalisées* : les unes le sont individuellement, par un acte particulier du parlement, les autres le deviennent en se conformant à certains status généraux.

Différente de la simple *Dénisation*, la *Naturalisation* a un effet rétroactif, et ne peut être accordée pour un temps limité. Ainsi, personne ne peut être naturalisé pour sa vie seulement, ou pour lui et ses enfans, ou sous certaines conditions, attendu que la *Naturalisation* emporte une idée absolue et permanente, et que toute restriction serait contraire au caractère distinct et spécial de l'allégeance naturelle.

La *Naturalisation* par acte du parlement donne à celui qui en est l'objet, à quelques exceptions près, les mêmes droits qu'au sujet de naissance; de sorte qu'il peut acheter des propriétés territoriales, en hériter, et les transmettre à ses descendans. Il ne peut cependant être membre du conseil privé, ni des deux chambres, et ne jouit pas de la faculté d'exercer un emploi civil ou militaire, ni de recevoir en dotation du roi aucune terre située dans les royaumes de la Grande-Bretagne et d'Irlande. Il est d'usage, lorsqu'un étranger distingué par son rang ou ses services est naturalisé, de passer un acte pour apporter en sa faveur ces diverses restrictions, et de procéder ensuite à une *Naturalisation* sans exception.

Un acte de *Naturalisation* ne peut être reçu

par une des deux chambres, sans une clause qui interdise au naturalisé la faculté de jouir des immunités commerciales dans les pays étrangers, à moins qu'il n'ait résidé dans la Grande-Bretagne pendant sept ans consécutifs après la session où la *Naturalisation* a eu lieu. Personne ne peut être naturalisé sans avoir communié un mois avant la présentation du bill, et à moins qu'il n'ait prêté le serment d'allégeance devant le parlement. Mais des actes particuliers du parlement ont quelquefois dispensé de ces formalités des princes ou princesses étrangers, avant leur *Naturalisation*.

Un projet de *Naturalisation* de tous les protestans étrangers avait été adopté dans des temps antérieurs; mais après trois ans d'épreuve, l'acte qui l'avait sanctionné a été rapporté, à l'exception d'une clause en faveur de la *Naturalisation* des enfans nés en pays étrangers de parens anglais.

Cependant, tout marin étranger qui, en temps de guerre, et en vertu d'une proclamation du roi, sert pendant deux ans à bord d'un vaisseau anglais, est naturalisé par le fait même. Tout protestant ou juif étranger qui, pendant une résidence de sept années dans une des colonies d'Amérique, ne s'absente pas plus de deux mois consécutifs ; tout protestant étranger qui passe deux ans au service militaire dans les mêmes colonies, ou qui, pendant trois ans, est employé à la pêche de la baleine, sans s'absenter ensuite de plus d'une année des possessions du roi d'Angleterre, et pourvu qu'ils ne soient atteints d'aucune des incapacités prévues par les actes du parlement, sont naturalisés dans toute l'exten sion du mot, après avoir prêté serment d'allégeance, et ne sont point soumis aux restrictions prévues par lesdits actes.

Quant aux quakers et autres protestans qui

s'interdisent le serment, l'acte du parlement y a substitué une déclaration ou affirmation ayant le même objet, faite devant le président ou un des juges de la colonie. Les juifs, ainsi que les quakers, sont dispensés de communier; et lorsqu'ils se présentent pour prêter le serment voulu par les statuts, ces mots : *d'après la croyance d'un chrétien*, sont supprimés.

La position respective d'un citoyen français en Angleterre et d'un citoyen anglais en France, peut, à quelques exceptions près, s'établir ainsi : l'état de *dénisation* en Angleterre peut être comparé à celui d'un Anglais qui serait domicilié en France ; la *Naturalisation* se rapporte à l'obtention de *lettres de naturalité* en France, et la *Naturalisation*, avec rapport de tous les cas d'incapacité des *Aliens* peut être assimilée aux lettres de grande *Naturalisation* accordée à des étrangers distingués, devenus sujets du roi de France.

Ayant donné le modèle des lettres de *dénisation*, nous croyons devoir aussi comprendre, dans les notes, celui des actes de *Naturalisation*, soit qu'elles aient pour objet des étrangers distingués par leur rang et leurs services, ou des individus d'une classe ordinaire. Ils donneront une idée exacte et précise de la nature des droits et priviléges résultant de ces actes.

NOTES.

THE ACT FOR THE REGISTRATION OF ALIENS.

(6. W. IV. c. 11.)

The present Act is the Act now in force for the registration of Aliens. It is entitled "An act for the registration of Aliens, and to repeal an Act passed in the reign of his late Majesty for that purpose" and received the Royal Assent 19th May, 1836.

By sec. 1. it repeals the former Alien Act 7. G. IV., c. 54., and enacts, that the master of every vessel which, after the commencement of this Act, shall arrive in this realm from foreign parts, shall immediately on his arrival declare, in writing, to the chief officer of the customs at the port of arrival whether there is, to the best of his knowledge, any Alien on board of his vessel, and whether any Alien to his knowledge, landed therefrom at any place within this realm; and shall, in his said declaration, specify the number of Aliens (if any) on board of his vessel, or who have, to his knowledge, landed therefrom, and their names, rank, occupation, and description, as far as he shall be informed thereof; and if the master of any such vessel shall refuse or neglect to make such declaration, or shall wilfully make a false declaration, he shall for every such offence forfeit the sum of twenty pounds, and the further sum of ten pounds for each Alien who shall have been on board at the time of the arrival of such vessel, or who shall have, to his knowledge, landed therefrom within this realm, whom such master shall wilfully have refused or neglected to declare; and in case such master shall neglect or refuse forthwith to pay such penalty, it shall be lawful for any officer of the customs, and he is hereby required to detain such vessel until the same shall be paid. Provided always, that nothing hereinbefore contained shall extend to any mariner actually employed in the navigation of such vessel during the time that such mariner shall remain so actually employed.

That every Alien who shall, after the commencement of this Act, arrive in any part of the United Kingdom from foreign parts, shall immediately after such arrival present and show to the chief officer of the customs, at the port of debarkation, for his inspection, any passport which may be in his or her possession, and declare in writing to such chief officer, or verbally make to him a declaration, to be by him reduced into writing, of the day and place of his or her landing, and of his or her name, and shall also declare to what country he or she belongs and is subject, and the country and place from whence he or she shall then have come; which declaration shall be made in or reduced into such form as shall be approved of by one of his Majesty's secretaries of state; and if any such Alien coming into this realm shall neglect or refuse to present and show any passport which may be in his or her possession, or if he or she shall neglect or refuse to make such declaration, he or she shall forfeit the sum of two pounds.

That the officer of the customs to whom such passport shall be shown, or declaration made, shall immediately register such declaration in a book to be kept by him for that purpose (in which book certificates shall be printed in blank, and counterparts thereof in such form as shall be approved by one of his Majesty's principal secretaries of state, and shall insert therein the several particulars by this Act required in proper columns, in both parts thereof, and shall deliver one part thereof to the Alien who shall have made such declaration.

That the chief officer of the customs in every port shall, within two days, transmit a true copy of the declaration of every master of a vessel, and a true copy of every such certificate, if in Great Britain, to one of his Majesty's principal secretaries of state; and if such Alien shall have arrived from any foreign country in Ireland he shall transmit a true copy of such declaration and of such certificate to the chief secretary for Ireland.

That any Alien about to depart from this realm shall, before his or her embarkation, deliver any certificate which he or she shall have received, under the provisions of this Act, to the chief officer of the customs at the port of departure, who shall insert therein that such Alien hath departed this realm, and shall forthwith transmit the same to one of his Majesty's principal secretaries of state, or to the chief secretary for Ireland as the case may be, in like manner as herein-before is directed in respect to the certificate given to an Alien on his or her arrival in this realm.

That if any certificate issued to any Alien by virtue of this Act shall be lost, mislaid, or destroyed, and such Alien shall produce to one of his Majesty's justices of the peace proof thereof, and shall make it appear to the satisfaction of such justice that he or she hath duly conformed with this Act, it shall be lawful for such justice, and he is hereby required to testify the same under his hand; and such shall thereupon be entitled to receive from one of his Majesty's principal secretaries of state, or from the chief secretary for Ireland, as the case may be, a fresh certificate, which shall be of the like force and effect as the certificate so lost, mislaid or destroyed.

That all certificates hereinbefore required to be given shall be given without fee or reward whatsoever; and every person who shall take any fee or reward of any Alien or other person for any certificate or any other matter or thing done under this Act, shall forfeit for every such offence the sum of twenty pounds; and every officer of the customs who shall refuse or neglect to make such entry as aforesaid or grant any certificate thereon, in pursuance of the provisions of this Act, or shall knowingly make any false entry, or neglect to transmit the copy thereof, or to transmit any declaration of the master of a vessel or any declaration of departure, in manner directed by this Act, shall forfeit for every such offence the sum of twenty pounds.

That if any person shall wilfully forge, counterfeit, or alter, or cause to be forged, counterfeited or altered, or shall utter, knowing the same to be forged, counterfeited, or altered, any declaration or certificate hereby directed, or shall obtain any such certificate under any other name or description than the true name and description of the Alien intended to be named and described, without disclosing to the person granting such certificate the true name and description of such Alien, or shall falsely pretend to be the person intended to be named and described in any such certificate, every person so offending shall, upon conviction thereof before two justices, either forfeit any sum not exceeding one hundred pounds, or be imprisoned for any time not exceeding three calendar months, at the discretion of such justices.

That all offences against this Act shall be prosecuted within six calendar months after the offence committed;

and all such offences shall be prosecuted before two or more justices of the peace of the place where the offence shall be committed, who are required, in default of payment of any pecuniary penalty, to commit the offender to the common gaol for any time, not exceeding one calendar month, unless the penalty shall be sooner paid, where such penalty shall not exceed the sum of twenty pounds; and forthwith to report to one of his Majesty's principal secretaries of state or to the chief secretary for Ireland, as the case may require, the conviction of every offender under this Act, and the punishment to which he is adjuded; and no writ of certiorari, or of advocation or suspension shall be allowed to remove the proceedings of any justice touching the cases aforesaid, or to supersede or suspend execution or other proceedings thereupon. The Act is not to affect foreign Ministers or their servants, nor Aliens who have been resident three years and obtained certificate thereof; nor Aliens under fourteen years of age. The Act commenced from the first day of the present month and may be altered this session.

LETTRES DE DÉNISATION.

« Guillaume IV, par la grâce de Dieu, roi du royaume-uni de Grande-Bretagne et d'Irlande, défenseur de la foi, etc., savoir faisons, à tous ceux qu'il appartiendra, qu'il nous a plu d'accorder à nos bien aimés A... B..., jadis de....., et maintenant de la paroisse de....., la qualité de libres dénisés, et celle de sujets de notre personne et celle de nos successeurs et héritiers, afin qu'eux, leurs successeurs et héritiers, et chacun de leurs héritiers respectivement, soient en tout traités, considérés et gouvernés comme nos fidèles sujets nés dans le royaume-uni de Grande-Bretagne et d'Irlande; qu'eux, ou chacun d'eux respectivement, puissent, en tout et pour toutes choses, exercer, jouir et user de toutes demandes et actions de quelque nature que ce soit, dans ledit royaume-uni de Grande-Bretagne et d'Irlande, et autres lieux de nos possessions; y paraître devant tous tribunaux comme demandeurs ou défendeurs, ainsi que peuvent le faire nos sujets nés citoyens du royaume-uni de Grande-Bretagne et d'Irlande; et principalement que lesdits A. B. et chacun d'eux, et leurs héritiers respectifs, puissent légalement, et selon qu'ils le jugeront convenable, acheter, posséder terres, fonds, rentes, revenus et possessions quelconques dans notredit royaume-uni de Grande-Bretagne et d'Irlande, en user et jouir eux et leurs héritiers pour toujours, les donner, vendre, aliéner ou concéder à toute personne ou personnes qu'ils jugeront à propos, avec les mêmes extension, liberté, sécurité et garantie que nos fidèles sujets nés dans le royaume-uni de Grande-Bretagne et d'Irlande; qu'eux et chacun d'eux et leurs héritiers respectifs puissent légalement réclamer et posséder les bâtimens, terres et rentes précédemment donnés, concédés ou assignés à eux ou à aucun d'eux, par nous ou toute autre personne, aussi complètement et avec la même liberté et garantie que nos autres sujets nés dans le royaume-uni de Grande-Bretagne et d'Irlande, et qu'eux et chacun d'eux et leurs héritiers respectifs aient et possèdent toutes les libertés, franchises et privilèges de notredit royaume-uni de Grande-Bretagne et d'Irlande, et autres possessions, aussi librement et paisiblement que nos fidèles sujets nés dans ledit royaume-uni de Grande-Bretagne et d'Irlande, sans empêchement, vexation ou molestation quelconques de notre part, de celle de nos héritiers et successeurs, de nos ministres et officiers, et d'aucune personne quelconque. Mais nonobstant nous voulons et ordonnons par les présentes que lesdits A. B. et chacun d'eux, et leurs héritiers respectifs, prêteront hommage et allégeance à nous et à nos héritiers et successeurs; qu'ils paieront les contributions comme les paient ou doivent les payer nos autres sujets; qu'eux et chacun d'eux et leurs héritiers respectifs paieront aussi à nous, et à nos héritiers et successeurs, les mêmes droits de douanes et subsides pour leurs marchandises que paient et doivent payer les *aliens*, pourvu toutefois que lesdits A. B. et chacun d'eux, et leurs héritiers respectifs, reconnaissent et observent toutes et chacune des ordonnances, actes, statuts et proclamations de notredit royaume-uni de Grande-Bretagne et d'Irlande, tous ceux qui pourront être publiés postérieurement, et qu'ils y portent l'obéissance voulue par la forme et la teneur des lois; pourvu encore qu'eux et chacun d'eux, et la famille ou familles qu'ils ont ou pourront avoir par la suite, continuent à résider dans nosdits royaumes de Grande-Bretagne et d'Irlande, ou dans nos possessions; pourvu enfin et sous condition que si lesdits A. B. ou leurs héritiers mâles, ou aucun d'eux, sont ou deviennent propriétaires d'un ou plusieurs navires, et que lesdits A. B. ou aucun de leurs héritiers fassent un commerce dans les limites contraires aux libertés et privilèges précédemment accordés à aucune corporation ou corporations de négocians du royaume-uni de Grande-Bretagne et d'Irlande, par chartres ou lettres-patentes de nous ou de nos prédécesseurs, alors ces lettres patentes, quant aux personnes qui seront maîtresses d'un ou plusieurs navires, ou se livreront au commerce ci-dessus, deviendront nulles et de nul effet. »

ACTE DE NATURALISATION

DE

S. A. S. LÉOPOLD-GEORGES-FRÉDÉRIC, DUC DE SAXE, MARGRAVE DE MEISSEN, LANDGRAVE DE THURINGE, PRINCE DE COBOURG ET SAALFELD, AUJOURD'HUI S. M. ROI DES BELGES, ÉTABLISSANT SA PRÉSÉANCE.

Attendu que Son Altesse Royale, le Prince-Régent, agissant au nom et à la place de Sa Majesté, à la satisfaction générale des sujets de Sa Majesté, a jugé convenable de former une alliance entre la famille Sa Majesté et Son Altesse Sérénissime Léopold-Georges-Frédéric, duc de Saxe, margrave de Meissen, landgrave de Thuringe, prince de Cobourg et Saalfeld, il a en conséquence, au nom de Sa Majesté et du consentement des parties intéressées, arrêté qu'un mariage serait contracté entre Son Altesse l'illustre princesse Charlotte-Auguste, fille de Son Altesse Royale le prince de Galles, régent du royaume-uni de Grande-Bretagne et d'Irlande, et Son Altesse Sérénissime : et comme il ne peut être donné à Son Altesse Sérénissime une plus grande preuve de l'estime et de l'affection du royaume qu'un acte de naturalisation qui la mette à même d'engager les dons et libertés qui sont engagés dans ce royaume, nous, les loyaux et dévoués sujets de Votre Majesté, supplions humblement Votre Majesté de décréter, comme il est décrété par le Roi, avec l'avis et consentement des lords spirituels et temporels, et des communes du parlement présentement assemblé, et de leur autorité, que ledit Léopold-Georges-Frédéric, duc de Saxe, margrave de Meissen, landgrave de Thuringe, prince de Cobourg et Saalfeld, quand et aussitôt qu'il aura prêté le serment d'allégeance et suprématie devant le lord grand chancelier, lequel serment le lord grand chancelier est autorisé à recevoir, soit, à tous égards et rapports, admis et reçu en qualité de citoyen du royaume, comme s'il était né dans ledit royaume, nonobstant toutes les lois et statuts à ce contraires;

2° Que ledit grand chancelier, après avoir reçu ledit serment, en délivrera un certificat pour être présenté à la haute-cour de la chancellerie;

3° Qu'après la célébration du mariage, Sa Majesté

donnera audit Léopold-Georges-Frédéric, duc de Saxe, margrave de Meissen, landgrave de Thuringe, prince de Cobourg et Saalfeld, pour le temps de sa vie durant, le rang et la préséance sur le lord archevêque de Cantorbéry, le lord chancelier et les autres grands officiers et ducs (excepté les ducs du sang royal), et autres princes du royaume, comme Sa Majesté l'avisera à propos, nonobstant les lois et usages à ce contraires.

Requête a Monsieur le Ministre de l'Intérieur, pour l'obtention des Lettres de Dénisation.

To the Right Hon.   one of His Majesty's principal secretaries of state,

The humble Petition of A. B.

of (*present place of residence*) in the county of   sheweth,

That your petitioner was born at   in the Kingdom of   and came over to this country in the year   where he has resided ever since, carrying on the business (*or profession as the case may be*)   of

That your Petitioner is married to an English Lady, by whom he has children.

That your Petitioner has contracted with C. D. for the purchase of certain Leasehold or Freehold property; situate (*here describe the particulars* ;) for the sum of but being an Alien, he is prevented by law from taking a Lease or conveyance of the said property.

That your Petitioner has removed, with all his effects, to this country, which he intends to make the place of his future residence, and that he is well affected to his Majesty's person and Government.

Your Petitioner therefore prays his Majesty's Royal Letters Patent of Denisation to enable him to take a lease (or conveyance) of the said property. And your Petitioner will ever pray.

ACTE DE NATURALISATION.

L'assemblée supplie Votre Majesté, les lords spirituels, et les communes en parlement présentement assemblé, A. B. fils de C. et de E. L. sa femme, né à...., dans le royaume de...., hors l'allégeance de Votre Majesté dans la religion protestante (1), et ayant donné des preuves de sa loyauté et fidélité à Votre Majesté, et à l'avantage du royaume-uni de Grande-Bretagne et d'Irlande, qu'il soit décrété, comme il est décrété par le Roi, de l'avis et consentement des lords spirituels et temporels, et des communes du parlement présentement assemblé :

1° Que ledit A. B. sera et dès à présent naturalisé,

(1) On n'exige plus maintenant que les personnes naturalisées aient reçu le sacrement de l'eucharistie.

et sera désormais admis et reçu en qualité de naturalisé, comme né citoyen dudit royaume-uni; et est et sera dorénavant réputé, tenu et reconnu, à tous égards, rapports et conditions, libre comme s'il était né citoyen dudit royaume-uni.

2° Que ledit A. B. est et sera, par les présentes, admis et reconnu comme étant apte, à tous égards et conditions, à hériter, transmettre, demander, recevoir, garder, tenir, poursuivre et répéter tous biens, manoirs, terres, rentes, revenus, et autres possessions, privilèges et avantages de la loi appartenant à tous citoyens de naissance dudit royaume-uni; comme aussi de faire valoir sa parenté ascendante ou collatérale, en raison de ses droits, et réclamer ce qui pourra lui échoir ou revenir, et dès-lors prendre, avoir, retenir et garder tous biens, manoirs, terres par *purchase* ou donation de toute personne ou personnes quelconques; poursuivre, soutenir ou exiger, comme demandeur et défendeur, toutes demandes judiciaires aussi légitimement et librement que si ledit A. B. était né de parens sujets de naissance dudit royaume-uni, et aussi bien que pourraient le faire des individus nés ou issus de parens nés citoyens dudit royaume-uni; et sera ledit A. B., en toutes choses et à tous égards, sujet naturel et légitime dudit royaume-uni, nonobstant toutes les lois, tous usages, coutumes, statuts existans, promulgués et proclamés à ce contraires.

5º Ledit A. B. n'est point autorisé par les présentes à faire partie du conseil privé, à être membre d'une des chambres, à occuper un emploi civil ou militaire, et à recevoir de la couronne aucune investiture de terre ou domaine pour lui-même, ou pour autre personne en son nom.

4º Ledit A. B. n'est point autorisé par les présentes à prétendre, dans aucun pays étranger, à aucune des immunités ou faveurs commerciales qui sont ou pourront être accordées aux citoyens de naissance dudit royaume-uni, par suite de quelque traité ou autrement, à moins que ledit A. B. n'ait résidé dans ledit royaume-uni, ou les possessions et dépendances, pendant l'espace de sept années qui suivront le jour de l'ouverture de la présente session du parlement, et ne se sera pas absenté plus de deux mois consécutifs pendant lesdites sept années.

FORMULES DE LETTRES DE CHANGE, BILLETS A ORDRE, ETC., ETC.

FORMULE D'UNE LETTRE DE CHANGE TIRÉE PAR UNE MAISON DE COMMERCE DE LONDRES SUR PARIS.

(Timbre.)

London 1st January, 1837.

Exchange for 10,000 livres tournoises.

At two usances (*or———after sight, or at ———after date*) pay this my first of exchange (second and third of same tenor and date not paid), to Messrs. A. B. and C° or order (*or bearer*), ten thousand livres tournoises, value received of them, and place the same to account, as per advice from

J. B.

To Messrs. R. F. Banquiers,

Paris.

(Timbre.)

Londres, 1er Janvier 1837.

B. P. 10,000 *fr.*

A deux usances (ou ——— à deux mois de vue, ou autre date), payez par cette première de change (la seconde ou la troisième ne l'ayant été), à ***MM. A. B.*** *et Comp., à leur ordre (ou au porteur), dix mille francs valeur reçue* (1), *que vous passerez en compte suivant l'avis de*

J. B.

A MM. R. F. banquiers,

à Paris,

FORMULE D'UNE LETTRE DE CHANGE TIRÉE ET PAYABLE EN ANGLETERRE.

(Timbre.)

L. 100. *London, 1st January* 1837.

Two months after date (*or at sight or on de-*

(1) Il n'est pas absolument nécessaire en Angleterre de dire, comme en France, valeur reçue *comptant* ou en *marchandise* ou en *compte*. Suivant les dispositions de *l'article* 110 *du code de commerce*, la lettre de change doit

mand or at ——— days after sight), pay Mr. C. D. or order, one hundred pounds for value received.

A. B.

To M.——, Bristol.

(Timbre.)

A deux mois de date (ou à vue ou à —— jours de vue) payez à M. C. D. ou ordre, cent livres sterling, valeur reçue.

A. B.

A M.——, à Bristol.

FORMULE D'UNE LETTRE DE CHANGE POUR UNE SOMME AU-DESSOUS DE 5 LIVRES STERLING.

Ecrivez ici le lieu, le jour, le mois, et l'année où et quand la lettre a été faite.

Twenty one days after date, pay to A. B. of —— or his order the sum of four pounds seventeen shillings, value received by

C. D.

To E. F. of———

Witness, G. H.

énoncer la valeur fournie *en espèces, marchandises, en compte, ou de toute autre manière.*

A vingt-un jours de date, payez à M. A. B. de———, ou à son ordre, la somme de quatre livres sterling dix-sept shillings, valeur reçue par

C. D.

A M. E. F. de———.

Témoin, G. H.

FORMULE D'UNE TRAITE SUR UN BANQUIER.

London 1st January 1837.

Messrs. ——,

Pay A. B., or bearer, one hundred pounds.

L. 100.

S. P.

Londres, 1er Janvier 1837.

MM. ——,

Payez M. A. B. ou au porteur cent livres sterling.

B. P. 100 *liv. st.*

S. P.

FORMULE D'UNE ACCEPTATION GÉNÉRALE ÉCRITE AU BAS DE LA LETTRE DE CHANGE.

Accepted.

James Williams.

Accepté.

James Williams.

Ou bien en travers ainsi :

Accepted.

James Williams.

Accepté.

James Williams.

Ou quand les lettres de change sont acceptées seulement pour une partie du montant.

Accepted for the sum of L. 94, part of the within sum of L.———.

J. W.

Accepté pour la somme de 94 liv., partie de la somme de———liv. st.

J. W.

Ou quand les lettres de change sont acceptées à une époque déterminée, ainsi :

Accepted, payable on the 3rd January 1837.

Accepté, payable le 3 Janvier 1835.

Quand la lettre est acceptée, payable chez un Banquier désigné et non autrement ni ailleurs.

Accepted payable at the Bank of Messrs.—— and C° only, and not otherwise or elsewhere.

J. W.

Accepté payable chez MM. ——— et Comp. seulement et non autrement ni ailleurs.

J. W.

ACCEPTATION CONDITIONNELLE.

Accepted, payable when in cash, for the cargo of the ship.———

J. W.

Accepté, payable s'il y a provision, pour la cargaison du navire———.

J. W.

FORMULE DE L'ENDOSSEMENT.

Endossement général en blanc.

James Williams.

ENDOSSEMENT SPÉCIAL.

Pay the contents to A. B. or order.

J. W.

Payez le montant à A. B. ou ordre.

J. W.

ENDOSSEMENT RESTRICTIF.

Pay the contents to J.B. only.

J. W.

Payez le montant à J. B. seulement.

J. W.

LETTRE D'AVIS DE NON-PAIEMENT D'UNE LETTRE DE CHANGE TIRÉE EN PAYS ÉTRANGER OU EN ANGLETERRE.

N°—— *Street, London,* 1st *January* 1837,

Sir,

Take notice, that I am the holder of a bill of

exchange, dated ——— for payment of L. —— three months after date, drawn on ———, by ———, and endorsed by you; and that the same has been presented for payment and dishonored by the said ———; and I require you immediately to pay the same with expenses.

Your's, etc.

J. W.

To M. ——,
N° —, —— street, London.

N° —, rue ——, Londres, 1er Janvier 1837.

Monsieur,

Je vous donne avis que je suis porteur d'une lettre de change datée ———, pour paiement à trois mois de date, tirée sur —— par —— et endossée par vous; que cette lettre de change a été présentée au paiement, mais que ledit —— n'y a pas fait honneur; vous êtes donc requis de payer immédiatement ladite lettre de change, ainsi que les frais.

Votre, etc.

J. W.

A M. ——,
N° —, rue ——, Londres.

FORMULE D'UN BILLET A ORDRE.

(Timbre.)

London, 1st *January* 1837.

L. 100.

Two months after date (*or on demand*), I promise to pay to A. B., or order, one hundred pounds value received.

C. D.

(Timbre.)

B. P. 100 L.

A deux mois de date (ou à présentation), je promets payer à M. A. B., ou ordre, cent livres sterling, valeur recue.

C. D.

FORMULE D'UN BILLET A ORDRE PAYABLE CONJOINTEMENT ET SOLIDAIREMENT PAR LES TIREURS, D'UNE SOMME PAYABLE A DIFFÉRENTES ÉPOQUES ET DANS DE CERTAINES PROPORTIONS, AVEC STIPULATION QU'A DÉFAUT DE PAIEMENT DE L'UN OU DE PLUSIEURS DES TERMES, LA TOTALITÉ DE LA SOMME DEVIENDRA EXIGIBLE.

(Timbre.)

London, 1st *January* 1837.

We jointly and severally promise to pay Mr.

A. B., or order the sum of *L.* 80, in manner following, viz. the sum of *L.* 20 on the — day of — next ensuing; the further sum of *L.* 20 on the ——— day of —— next ensuing; the further sum of *L.* 20 on the —— day of ——; and the further sum of *L.* 20 on the —— day of ——; and in case default shall be made in payment of any or either of the above sums, the times above limited for that purpose, then we jointly and severally promise to pay the whole sum of *L.* 80, or so much thereof as shall not have been paid, after such default as aforesaid.

C. D.
E. F.

(Timbre.)

Londres, 1er Janvier 1837.

Nous promettons de payer, conjointement et chacun de nous, à M. A. B., ou ordre, la somme de L. 80 *de la manière suivante, savoir, au* —— *prochain, la somme de* L. 20; *au jour de*——*prochain la somme de* L. 20; *au* ——— *prochain, la somme de* L. 20, *et au* ——— *prochain, la somme de* L. 20; *et à défaut de paiement de l'une ou des autres sommes ci-dessus mentionnées aux échéances ci-dessus stipulées, nous, conjointement ou chacun de nous, promettons payer la somme totale de* L. 80, *jusqu'à concurrence de ce qui n'aura pas été payé depuis le premier défaut de paiement.*

C. D.
E. F.

Les endossemens des billets à ordre ne diffèrent pas de ceux des lettres de change.

LETTRE D'AVIS DE NON-PAIEMENT D'UN BILLET A ORDRE.

N°——Street, London, 1st *January* 1837.

Sir,

Take notice that I am holder of a promissory note for payment of *L.* ——, two months after date, made and drawn by A. B., and endorsed by you; and that the same has been presented for payment and dishonoured by the said A. B. and I request you immediately to pay the same, with expenses.

I am yours, etc.
C. D.

To M.——, ——Street, London.

N°—, Rue——, Londres, 12 Janvier 1837.

Monsieur,

Je vous donne avis que je suis porteur d'un billet à ordre montant à la somme de ——— à deux mois de date, souscrit et livré par M. A. B., et endossé par vous. Que ce billet a été présenté au paiement, mais que ledit A. B. n'y a point fait honneur, et je vous requiers de payer immédiatement ledit billet ainsi que les frais,

Je suis votre, etc.

C. D.

A M.——, rue——, à Londres,

VOCABULAIRE,

OU

EXPLICATION DE DIVERS TERMES DE PALAIS ET DE JURISPRUDENCE.

Bottomry (*bomerie*). Prêt à la grosse aventure, au remboursement duquel est affecté tout ou partie d'un vaisseau ou de son chargement.

Demurrer (*demorare*). C'est l'issue d'un procès, la décision définitive par laquelle il est déclaré que la contestation présente une question de droit qui doit être déférée aux tribunaux.

Distringas. Writ (1), par lequel le schériff (2) autorise la saisie des biens du défendeur cité qui ne se présente pas.

(1) *Writ* ordre par écrit, ou *ordonnance* du Prince ou d'une cour de justice.

(2) *Scheriff*, magistrat annuel dont les fonctions se rapprochent en quelques points de celle de juge d'instruction.

Embracery. Tentative pour influencer un jury, soit par argent, par promesse, ou toute autre voie illicite.

Feme sole. Femme seule, femme non mariée.

Feme covert. Femme mariée.

Heirlooms. Biens mobiliers, ou acquisition immobilière, frappés du droit d'hérédité dont l'héritier entre immédiatement en possession sans le concours de l'exécuteur testamentaire.

In forma pauperis. Nomination d'office faite par un tribunal pour la défense d'un indigent qui est dispensé de tout paiement de frais et honoraires.

Injunction (*injunctio*). Writ prohibitif émané de la grande-chancellerie

Issue (*exitus*). Ce mot a différentes acceptions : il signifie entre autres l'événement ou la fin de la plaidoierie, de laquelle il résulte qu'il s'agit d'une question de fait de la compétence du jury; comme le *demurrer*, décide que la question repose sur le droit et doit être soumise aux tribunaux.

Mandamus. Writ délivré par la cour du Banc du Roi (*banco regis*), pour ordonner l'exécution des dispositions qui y sont contenues.

Nonsuit (*non est prosecutus*). C'est la renonciation volontaire à un procès, soit par défaut de moyens suffisans, soit à raison de quelques erreurs ou défaut de forme.

Nolle prosequi, Writ qui arrête une procédure.

Parol evidence, Témoignage oral à l'audience.

Quo warranto. Writ qui autorise à faire des recherches, à prendre des informations sur le droit d'une corporation, ou d'un individu, à l'exercice d'une charge, à la jouissance d'un privilége.

Retraxit. Déclaration d'une partie qu'elle se retire d'un procès.

Subpœna. Writ qui prononce une peine ou une amende contre celui qui refusera d'y obtempérer.

Venire facias. Writ d'invitation faite par le schériff aux jurés pour venir au tribunal et remplir leurs fonctions.

FIN.

TABLE.

TITRE I.

TITRE II.

CHAPITRE I.

CHAPITRE III.

TITRE III.

TITRE IV.

FIN DE LA TABLE.

Ouvrages du même auteur, qui se trouvent chez les mêmes libraires.

DÉDIÉ AVEC PEMISSION A SON EXC. LE COMTE GRANVILLE, AMBASSADEUR DE S. M. BRITANNIQUE, ETC. ETC.

ANALYSE DE L'ACTE DE RÉFORME DU PARLEMENT EN ANGLETERRE, *accompagnée de Notes explicatives*.

A CONCISE DIGEST of the LAW, USAGE, and CUSTOM affecting the COMMERCIAL and CIVIL INTERCOURSE of the SUBJECTS of GREAT BRITAIN and FRANCE; *fifth édition*, 1 vol. in-8vo.

THE DEEDS AND DOCUMENTS of ENGLAND and FRANCE, compared and exemplified.

www.ingramcontent.com/pod-product-compliance
Ingram Content Group UK Ltd.
Pitfield, Milton Keynes, MK11 3LW, UK
UKHW020339230726
13925UKWH00003B/875

9 782014 040678